姜龍昭著

文學叢刊

錢能通神

文史哲出版社印行

國家圖書館出版品預行編目資料

錢能通神 / 姜龍昭著. -- 初版. – 臺北市：文史哲, 民 94

面 ： 公分.（文學叢刊；169）

ISBN 957-549-593-4(平裝)

855　　　　94002425

文學叢刊 169

錢能通神

著　者：姜　龍　昭
出版者：文　史　哲　出　版　社
http://www.lapen.com.tw
登記證字號：行政院新聞局版臺業字五三三七號
發行人：彭　正　雄
發行所：文　史　哲　出　版　社
印刷者：文　史　哲　出　版　社
臺北市羅斯福路一段七十二巷四號
郵政劃撥帳號：一六一八〇一七五
電話886-2-23511028・傳真886-2-23965656
實價新臺幣三〇〇元
中華民國九十四年（2005）二月初版

ISBN 957-549-593-4

自序

這是我七十八歲時，付印出版的一本書。也是我從事寫作以來，完成的第六十四本書。

民國卅四年，抗戰八年勝利，那時，我還在高中讀書，就在無錫的「錫報」、蘇州的「蘇州日報」、「大江南報」，以及上海的「大公報」、天津的「民國日報」發表文稿。其間，我寫小品、雜文、小說、以及連載「長篇小說」，但未出版過單行本。

卅八年元月，我離鄉背井、隻身來台從軍，那時在台南中華日報副刊「海風」及台北新生報副刊「橋」、中央日報副刊「中副」發表作品。偏向於散文及小說，以後在軍中編壁報、編舞台劇本，巡迴軍中勞軍演出。

民國四十一年，總政治部前後爲我出版了「烽火戀歌」、「奔向自由」等獨幕劇本，屈指算來，距今已五十餘年了。

五十餘年，出了六十四本書，算得上是多產作家了，但人上有人，比起翻譯名家黃文範先生來，還是自嘆不如，他已出版了八十本書，總字數二千四百廿一萬餘字，比我多太多了。

蒐集在本書中的，大半是我近兩年所寫，在報紙副刊及雜誌上發表，雖非學術性著作，回顧起來，也可興起一些趣味。

二〇〇四年我健康情形欠佳，二度住院，如今雖已出院，但要依靠「氧氣機」來提供氧氣，寫作因而減少，是必然的。

有人說：「錢能通神」，我活了七十八歲，深感有理，乃採用這句話作了書名，希望能暢銷，人手一册。

我過去編寫過不少廣播劇，其中，有二齣，播出後聽衆反應甚佳，特蒐錄在一起，供讀者欣賞。爲了使讀者，也能聽到此二劇播出的情形，特請朱順官先生拷成CD隨書附送，使這本書成了「有聲書」，也是我的首次嘗試。

姜龍昭 寫於二〇〇五年一月廿八日

世界優秀專家人才名典

中國國際交流出版社，近在北京著手編寫出版「世界優秀專家人才名典」即將出版，倖蒙該出版社青睞，將本人列名其中，並寄來該社所蒐集到的本人資料草樣，如附件，希加校對、補充、修正；爲廣交流，茲將該項資料附印如下：

世界优秀专家人才名典

姜龍昭筆名雷耳。一九二八年九月生，籍貫江蘇省蘇州市人。畢業於政工幹校新聞系第一期。曾服務於台灣電視公司任編審，中國電視公司編審組副組長，節目專任製作人，前後歷卅二年，於一九九三年退休。曾任教於國立藝專、世界新專、輔仁大學、政工幹校等校講述戲劇寫作等課程，前後卅餘年，現爲輔仁大學副教授，並當選爲中華民國編劇學會理事長。一九七八年中華書局編印《中華民國當代名人錄》，曾名列其中，另一九九一年中國名人傳記中心編印中英對照之《中華民國現代名人錄》亦被獲列名其上。十八歲開始文學創作，迄今已逾五十餘年，其作品廣播電台、電視台、舞台劇、電影劇本均有出版、播映。文學著作計有《碧海青天夜夜心》《長白山上》《香妃考證研究》正、續兩集《楊貴妃考證研究》《細說流行語》六冊《姜龍昭劇選四集》《李商隱之戀》《泣血烟花》《飛機失事以後》《淚水的沉思》等共六十四種，上述後四種劇本，曾有英譯合訂本問世。一九五二年即已因編寫劇本，參與比賽獲獎，迄一九九九年共獲得，「中國文藝協會文協獎章」「教育部頒發戲劇類文藝獎章」「軍中文藝電影劇本銅像獎」「青溪新文藝金像獎」「中山文藝獎」「國防部光華獎」「法務部電影劇本獎」二次，「伯康戲劇獎」二次，「金鐘獎」四座，「李聖質戲劇獎」「新聞局最佳劇本獎」「中央黨部華夏二等獎章」「中廣公司日新獎」「行政院衛生署獎狀」「軍中新文藝特別貢獻獎」「實踐研究院獎狀」「文建會舞台劇本獎」「編劇學會魁星獎」「台北市話劇學最佳編劇藝光獎」……等獎勵計五十項，包括獎狀、獎章、獎金等。二〇〇〇年金禧年來臨，特自行創設「姜龍昭戲劇獎」得獎者可獲五萬元獎金外，並贈送姜龍昭青銅塑像一尊，第一屆得主黃英雄先生，第二屆得主居留美國之沈悅女士，第三屆得主高前先生，第四屆得主丁衣先生，第五屆得主徐天榮先生，均已先後贈出。

姜龍昭地址：台灣台北市八德路三段十二巷五十七弄十九號四樓

錢能通神　目次

錢能通神

一、

人活在世界上，離不開錢。

有人說：金錢不一定是萬能的。但是，若是沒有錢，人就無法活下去，生活是現實的，衣食住行，在在都非錢莫辦，沒有錢，就無法生活。

錢的功能，大焉哉。

常聽人說：「人爲財死，鳥爲食亡」

爲了錢，有些人鋌而走險，不顧生死。許多英雄好漢，往往爲一文錢逼死，去見了閻王。所謂：「錢有雙戈，傷害無數英雄。」

二、

人人愛錢，生活上又離不了錢。但人在口頭上，卻不願直接提到錢，喜歡用不同的「代名詞」，來代替錢。從前稱錢叫「孔方兄」，因過去的銅錢，中間有一方孔，便於用繩子串連起來一百文錢，就叫一貫。現代戲劇對白上，尤其喜歡用代名詞來代替錢。

譬如為人介紹做成一件買賣，中間人要抽「佣金」，有人稱之為「介紹費」、「公關費」，有人說英文「康密興」，有人說：「紅包」、「好處」、「交際費」。

流氓向人要錢，叫付「規費」、「保護費」、「津貼」、「車馬費」、「服務費」，以及古書裡山賊口中的「買路錢」。

有人乾脆叫：「拿些『孫中山』來花花」，或是「拿些『紙』來用用」。孫中山、紙……就是錢也。

找人借錢，要付「利息」，支票換現鈔叫「貼現」，即口頭上說的「調頭寸」、「軋銀根」。

賭場抽佣金叫「頭錢」。

妓女出賣青春，要「夜渡資」，愛情發生糾紛時，要「遮羞費」、「生活費」。

也有一些地方，說不出「代名詞」，就乾脆用手指數鈔票狀來比劃，也行得通。

三、

不易賺得的錢，即稱「辛苦錢」、「勞力錢」、「勞心錢」，往往捨不得輕易化用，多半積存起來，希望「聚沙成塔」。
有些錢賺來很容易：「往往一個電話」、「一個交情」、「一種關係」，就可以賺上一大筆錢，這種錢來得容易，去得也快。
我們常聽人說：「某人眼看他起高樓，眼看他樓塌了。」
唐朝有一名叫張延賞的官員，判一重案，下令手下嚴緝，第二天到公堂時，看見案上留一密函內書：「錢三萬貫，乞不問此獄。」張見此函大為生氣。怒擲之。次日復見一函，上書「十萬貫如何？」張遂不再顧問此案。後來，他的師爺向之問及。張曰：「錢十萬，可通神，無不可回之事，吾懼惹禍上身，不得不止。」
這一「錢能通神」的故事，不知你可曾聞及？
大陸上流行說：「男人有了錢就變壞，女人變壞了就有錢。」
錢能通神，對男女還有別，你認為如何？

92．11．30青年日報

蘇州狀元

石韞玉其人其事

一、

滿清這一朝代，在中國歷史上，佔有了兩百六十七年，在這兩百多年中，一共產生了一百一十四個「狀元」，因「殿試」兩年才辦一次，方可以產生一名「狀元」。在這一百一十四名狀元中，蘇州人占了廿多位，爲全國之冠。忝爲蘇州人，與有榮也。

鄉長石永昌先生，生於民國六年，他的六世祖（高高祖，也有稱爲玄高祖）石韞玉老太爺，字執如，號琢堂，就是清乾隆庚戌年的狀元，庚戌年，是乾隆五十五年（公元一七九〇年）。

石永昌鄉長，幼年時，也不清楚其先祖有那些光榮的事蹟，後來長大了，才多方蒐集狀元先祖的詩集，及生前留下的珍貴史料，出版了一本《蘇州狀元石韞玉》的專著，但發行不廣，能看到這本書的人不多。

二、

我想先將讀書人能考取狀元的過程說一說：

清朝的科舉制度，大多因襲明朝。凡不是「倡」、「優」、「隸」、「卒」之子孫，才有參加考試的資格。

按照程序，須先參加「縣考」，錄取後再參加「府考」，然後參與學政之「按試」，及格者，稱爲生員，亦即「秀才」，沒考取的學子，無論年紀大小，皆稱爲「童生」，有了秀才的資格，才可參與「鄉試」，各省應考之生員，以本省籍爲限，不准隔省應試，但順天府（北京），可以例外。

考中「鄉試」者，稱爲「舉人」。鄉試例定逢：子、卯、午、酉之年八月舉行，故稱「秋闈」。而規定初九爲第一場，十二日爲第二場，十五日爲第三場，都是先一日點名入場，次日放出，考生進場，正、副主考官，及同考官亦同時入闈。鄉試的地點，規定均在各省省會的貢院舉行。考中舉人的士子，才有第二年參加「會試」的資格，會試則在北京舉行，會試的日期，每於丑、辰、未、戌之年的二月舉行，所以亦稱爲「春闈」。會試錄取者，稱爲貢生，當屆會試考取之貢生，及以前各屆已考取，因故未能參加殿試的貢生，才可以參加「殿試」。殿試在京師太和殿舉行，試期則在會試年之四月初一舉行，亦有更改者。「殿試」及格者，分一、二、三甲，一甲三名，由皇帝欽點，第一名稱爲「狀元」（亦稱殿元），第二名稱「榜眼」，第三名稱「探花」，均賜「進士」及第，二甲若干，名賜「進士」出身，三甲若干名，各賜「同進士」出身。

凡殿試及格者，均有一官半職，以後的發展，則看各人的造化了。

石韞玉，十五歲應考童子試，十八歲爲秀才，十九歲參加省試，沒有錄取，廿二歲再次參加省試，依然不中。廿四歲考取十三名舉人，廿五歲參加會試，廿六歲、廿九歲、卅二歲四次赴京參加會試，均告失敗，頗有心灰意冷之感，卅四歲第五次會試，依然不中，到卅五歲，前後考了十年，終於有志者事竟成，考取第十四名貢士，殿試閱卷大臣初擬第四名，乾隆皇帝欽點「特擢爲第一名狀元」授翰林院修撰，這一年也是乾隆皇帝八十歲高壽。眞是「十年寒窗無人知，一旦題名天下揚。」。

三、

石韞玉，琢堂身前的事，堪與後人傳述者，分述如下：

㈠蘇州文人沈三白，生前寫有《浮生六記》一書，傳誦千古，無人不曉。而石琢堂與沈三白之私交甚篤，其《坎坷記愁》、《浪遊記快》中，多次提及石琢堂，時在清嘉慶八年，先是沈妻芸娘去世，及後沈父亦往生，而沈之兄弟竟不通知三白，後還是他女兒青君去信報喪，他才知道這個噩耗，沈三白由揚州趕回蘇州奔喪；回家後即入墓守靈，沈的兄弟怕他回來爭產，竟暗暗地召集許多人，氣勢洶洶的向他討債，說是他父親生前就欠下的，幸而其中一人，將此秘密告訴了他，才未有上當，三白氣壞了，把兄弟好好數落了一番，然後辭別老母離家，有出世之想。

幸經當地友人向三白勸阻，說石琢堂回蘇州接眷後，將赴重慶接任知府之新職，到時，定可給你安置一個位置，三白才偕琢堂同行入川。溯長江而上，到荊州，才得知琢堂已被調任潼關商道，石琢堂先隻身入川，辦妥交接後，經成都而至潼關任所，眷屬與三白則暫留荊州，居留在廢園過年。次年二月，由荊州尋水路至樊城起岸，由陸路到潼關，孰知，琢堂又榮陞山東按察使（臬台），因琢堂兩袖清風，眷屬一時無法同行，三白亦留下來照顧眷屬，一直等琢堂拿到「按察使」的俸祿後，才派人來接眷，並帶著三白女兒的來信，三白始得知他唯一的兒子，逢森業已夭逝。到了山東，琢堂得知三白喪子之痛，特送了一名姨太太，以免其客途寂寞，由此可見兩人的交情，絕非泛泛之交。

沈三白一生潦倒，想不到他還交上了石琢堂這位文學之好友，沈三白追隨入京，達成了琉球之行，亦證實了後人補寫失去之「浮生五、六」兩記是他人僞作，並非眞的沈三白所寫。

㈡琢堂在考試的過程中，並不順利，考貢生考了五次都沒有上榜，第五次落榜後回家，在一書店中發現有一部「淫書」，他非常氣憤，一口氣把店中該淫書全部買下來燒掉，以免流傳市面傷風敗俗，但身邊的錢不夠，無法達成這一心願，耿耿於懷，回家後，與妻子商量，太太同意把手上的一對金鐲子拿去賣了變成錢，再去書店，把這本淫書全部買回來，用火將書燒了。想不到，第二年就高中了「狀元」，原來他是第四名，但皇帝御筆一勾，就變成了第一，大家都說是燒淫書積德所致。

石狀元燒淫書，並非僅此一遭。他在家中建造了一座「燒紙庫」，有一次，他在書攤上看到一本《四朝見聞錄》，發現書中有彈劾朱熹的疏章，對朱熹大不敬，也照樣把妻子的一些金飾，拿去變賣了五千兩，將城中書攤上搜到三四十部書，全部買下來帶回家中，送入「燒書庫」，付之一炬，他這種嫉惡如仇的心態，不由人爲之敬佩。

石韞玉自卅五歲及第入朝，至五十二歲辭官回鄉，因生活儉樸，爲官清廉，做了十八年的官，無守田屋宅，回到家鄉時，抵質於他人的祖上舊屋，也無法拿錢贖回，只好將家安置在浙江的紫陽山，與兒子住在一起，眞可說是「隨身衣食仰給官，不別治生，以長尺寸」。

㈢石韞玉雖長於文，但處理軍事武功，亦不輸他人。嘉慶三年奉旨外放四川知府時，白蓮教正在川陜一帶興起作亂，他孑身獨往，無所畏懼。

到任不久，即奉經略大臣勒保公徵召，總理川東軍務。

白蓮教徒五六千人，有侵入重慶之企圖，當地人心恍恍，琢堂兄先觀察地形，後向民衆宣告：渝城三面臨江，固若金湯，如無奸細內應，不怕敵之來犯，以安定民心。

同時至江北鎮視察防務，告誡守軍，不得輕舉妄動。另將重慶守軍二千餘人，佈防於浮圖關，以防北方來襲之敵人，另外調用鄉勇一千五百人分爲三營，分在江邊設卡，以哨音聯絡。

至夜半，敵兵果來襲，幸先有佈防，砲彈擊中白蓮教徒中的副手，乃將拘送至總部，當場正法。

及後，雙方交戰百餘日，敵才不支敗退，事後論功行賞，石琢堂獲賞花翎加道銜，誠允文亦允武也。

㈣石韞玉關心民間疾苦，收養因戰亂失散的兒童、婦女數千人，設法助之骨肉團圓。陝西、山西、吳地等鬧災荒時，毅然開官倉，出售糧食，有人勸阻，他以救人第一，不顧也。

水災時，力請當政者免除糧稅、通商稅以應急，勸助賑濟，並設立善堂、義局、修橋，爲地方造福。他逝世時，弟子無不失聲痛哭，鄉里百姓，也都落淚哭泣，巡撫將他列祀入「名賢祠」。

㈤石琢堂不倚仗權勢，又不信迷信，最爲難得。道光初年，他在蘇州光福鎮西磧山修造祖墳。對面正好有一座磚窯和冶煉金屬的作坊，風水先生認爲磚窯和作坊沖了好風水，極不吉利，因此有人建議出點錢，設法讓磚窯和作坊搬走，依當時他的關係來說，這件事並不難辦，他是朝廷的三品大官，與當時的江蘇巡撫梁章鉅是好朋友，而他的長子，又是杭州太守，但是他並不同意，他不肯去侵害無權無勢的老百姓，他表示損人利己的事，他絕不做，即使他們不搬走，也未必眞的對我家不利。他的兒子，多次向他勸說，要愼重考慮，但他堅決不爲改動，祖墳修好後，還親自書寫了一副對聯，刻在墓的兩旁石柱上。對聯是這樣寫的：「有地在心不求風水好，無田可祭只要子孫賢」，可見他堅硬如石，不爲人云亦云改動的性格。

石永昌鄉長表示：「我家自琢堂公之後，子孫並不興旺，也許眞與此事有關。」

石韞玉狀元的故事，雖非驚天動地，但也值得向後人傳述。

（發表于二〇〇四年八月「文學人」第六期）

「楊貴妃」史實探討

一、

歷史上記載的史實，若是有所訛誤的話，後人很容易以訛傳訛，一直跟著訛誤下去，使眞假混淆、顚倒了是非。

十幾年前，我深入研究楊貴妃生前的事蹟，發現《新唐書》和《舊唐書》之前，記載她未做楊貴妃之前，《新唐書》說她曾爲「壽王妃」，而《舊唐書》，卻未有這項記載。

究竟哪一本書的記載，是正確的呢？花了一番功夫，做深入的研究。

原來：《舊唐書》成書較早，修史者與唐朝接近，其憑藉的一些史料較少，但眞實可信性度高。《新唐書》修史者，與唐朝相隔了百年之久，無憑藉的史料，因有一些民間藏書的發現，傳聞雜記的充斥較多，但其質可信性就低，一些撰修前代史的人，但憑斷簡殘篇的史料，難做無米之炊，乃採用小說家言，或加上臆測之詞，以補綴其成篇。

之記載。《新唐書》楊貴妃傳，記述其始爲壽王妃，完全是誤信了宋樂史《楊太眞外傳》（小說）

按宋樂史是，宋太宗時進士，他將所有楊貴妃之種種傳說，編成《楊太眞外傳》，距楊貴妃死去之年代，相隔已兩百餘年矣。寫「長恨歌」的白居易，距楊貴妃死五十年，並未寫她曾爲「壽王妃」，陳鴻寫「長恨歌傳」，也只說：「高力士潛搜外宮，得楊玄琰女於『壽邸』」。

現在，我把《舊唐書》、《新唐書》、《楊太眞外傳》三書完成之年代，以公元來記述其前後，大家就可以明白是誰在以訛傳訛了。

《舊唐書》：後晉劉昫等撰，時在公元九三六年左右。

《楊太眞外傳》：宋樂史等撰，時在公元九七六年左右。

《新唐書》宋歐陽修、宋祁撰，其中列傳部分爲宋敏求所撰，時在公元一〇六一年。

最早記載「曾爲壽王妃」出於《楊太眞外傳》，故《舊唐書》未有是項記載，而《新唐書》在《楊太眞外傳》後問世，乃有此誤傳。

二、

我們再進一步探討：

楊貴妃出生地：《梧州府志》記載，如下：

貴妃姓楊，容州雲凌里人，小名玉環，早失父母，家貧，初孕十三月，生六日，異香滿堂，胞衣如蓮花，三日，目仍不開，母夢神人以手拭開，黑如點漆，抱日下，不稍瞬，肌如玉，貌絕倫。後軍都督部署楊康見之，以財求爲女，能聽讀誦，漸長通語，楊康夫婦愛之甚。時長吏楊玄琰攝行師聞而求見，歸與妻曰：資質異常，吾女還不及。倍金以威脅，仍求爲女，康夫婦亦從其請。女性敏悟，通音律經史。秩滿長安，選入壽王宮，年十四。明皇召入內，號曰太眞，大被寵遇，天寶册爲貴妃。

上述文字中，僅有「選入壽王宮，年十四」，並非「始爲壽王妃」，與陳鴻記述：「得女於壽邸」相吻合。

三、

除上述文字資料外，我們還可以就壽王瑁，與楊貴妃出生年月日來比照。

壽王瑁是唐明皇的第十八子，其生母即爲武惠妃。武惠妃死後，高力士才找到楊貴妃，來做接棒人的。

以《新唐書》壽王瑁傳記載，武惠妃得幸於開元元年（公元七一三年）先生一子二女，皆繈褓不育，壽王爲其第四胎所生，武惠妃第二胎所生之懷哀王，薨於開元八年二月，當時，壽王尚在繈褓中。《新唐書》壽王瑁傳記述：開元十五年，遙領益州大都督時，紀稱，初，帝以永王等尚幼，詔不入謁。瑁七歲，請與諸兄稱拜謝，舞有儀矩，帝異之。」以上兩項記載：

開元八年，壽王在繈褓中。開元十五年，壽王七歲來推稱，壽王應生於開元八年。（公元七二〇年）

壽王既生於開元八年，到開元廿三年，只有十五歲而已，尚未成年，父皇能爲之立妃嗎？似乎是不可能的事情。

再查楊貴妃之年齡，她死於天寶十五年（公元七五六年）依《新唐書》記載，她死時卅八歲，以此推稱，她應生於開元五年（公元七一九年），她比壽王瑁大三歲，何能嫁一小丈夫呢？似乎亦有違常情。

清朝，與紀曉嵐齊名之袁枚，就確定「始爲壽王妃」是錯誤的，後又有朱彝尊著有《曝書亭集》卷五十五，也有文章駁斥《楊太眞外傳》之誤。

更有張愈撰《驪山記》一文，謂：「妃以處子入宮，似得其實。」他說：「太眞外傳稱妃以開元廿二年歸於邸，廿八年十月，玄宗幸溫泉宮，高力士取於壽邸，度爲女道士，住內太眞宮，傳聞之誤也。」

可見，說楊貴妃「未爲壽王妃」之說，非我首創，在清朝即有多人指出，只是一般人不注意，，要改正一種觀念，眞是很難的事。

四、

近兩年來，我繼續考證楊貴妃生前的史實，我看了不少有關「楊貴妃」的小說，發現絕大部分，都是照《新唐書》的說法，楊貴妃先做了壽王妃，然後才作貴妃的。我想大概這樣可以多寫不少字吧，有一位聞名港台的南宮搏小說家，更強調楊貴妃爲壽王還生了兩個兒子，都有名字記載，眞是可笑，小說家這樣寫，也不會有人反對呀！

我爲考證楊貴妃是否眞的死在日本，特專程去了一趟日本的山口縣油谷町，在五輪塔墓地買到了日本人村山吉廣著的「楊貴妃」小說，阿部閑爺寫的「長恨歌」傳記，都是日文著作，書中寫的也都是「曾爲壽王妃」的說法。

有人說：楊貴妃只是住在「壽王宮」，也有說是「壽王府」、「壽宅邸」，因而才有此種誤會。

我花了不少功夫，去追根究柢查資料，才發現「壽王府」它眞正的名稱，是「十六王宅」，而非壽王專有的「宅邸」，一般人可能知道的不多，我特在此，向大家介紹一下。

原來，「壽王宮」，另一名稱是「十六王宅」。位於長安朱雀街第五街安國寺東邊，是唐明皇王子居住的宅邸。唐明皇一共生了卅個王子，起先，叫「十王宅」，後來，不斷的生王子，房子不夠住了，就變成十六王宅，皇太子年幼時，養在內宮，後來日漸長大了，雖兼有各種名目的職位，但只是「遙領」而已，從不出遷外藩。開元十六年（公元七二五年）乃於安國寺東附苑城同爲大宅，分院居爲十王宅，令中官押之，於夾城中起居，每日家令進膳。又引詞學工書之人，入內教皇子，謂之侍讀。

最先十王宅居住者，有慶王、忠王、棣王、鄂王、榮王、儀王、光王、潁王、永王、濟王。後又有盛王、陳王、豈王、恒王、涼王、壽王，封入內宅，乃稱爲「十六王宅」，武惠妃未死前，壽王是王子中最吃香者，就稱爲「壽王宮」了。因爲是皇子諸王聚居之地，每院均有宮人侍候，每院之宮人有四百人之多，這些宮人都由各地推薦，才能進入「十六王府」，楊玉環因姿色出衆，年十四，就被選入壽王宮，做的是宮人，並非「壽王妃」也。

我想，這樣說清楚後，大家該不會再以訛傳訛，說她未做貴妃以前，先做了「壽王妃」吧。

（發表于二〇〇四年五月「文學人」第五期）

同窗好友：王世德教授

一、

那一年，我十七歲，在無錫正風中學讀高中二年級。

與我同窗共一課桌的同學，名叫王世德，他比我小兩歲，只有十五歲，但是在無錫報紙的副刊上，都經常發表作品，嶄露頭角，使我十分羨慕，因爲他的影響，使我也愛上了文學寫作，看見自己的名字和寫的文字，被鉛字排印在報紙上，那分高興與樂趣，眞非筆墨所能形容。

我的母親也因此在親友面前，引以爲榮，拿報紙給大家看，王世德更因此與我成了最要好的同學。

後來，高中畢業後，他考入了「國立社教學院」，在蘇州拙政園唸書，而我卻因是家中獨子，父母要我離鄉背井，來到台灣，這一次睽別，匆匆一幌，就是四十年。

二、

大陸開放文化交流後，我參加了戲劇界組成的一個團隊，接受北京「人民藝術劇院」的邀請，去北京看了他們演出的招牌戲：曹禺的《雷雨》，在「歡迎座談會」上遇到了「中國戲劇家協會」的常務書記王正，才得悉當年同窗好友王世德，如今已是大陸上國立四川大學文學院博士班學生的指導教授。

此行回來後，我就寫信到四川成都四川大學，與他取得了連絡。他知道我在台灣的中國電視公司做節目「製作人」、「編審」的工作，十分高興，就回信告訴我，他在大陸的電視上看到掛我：「編審：姜龍昭」字幕的台灣電視連續劇：「昨夜星辰」，天天看，他還會唱劇中的主題曲。

我寄了一本，我在輔仁大學授課用的大學用書：《戲劇編寫概要》給他，他遂寄贈我一本，他在四川大學任教用的《審美學》。原來，他教的「審美學」，也屬於戲劇專門書籍，我們依然是同行。

三、

後來，因緣際會，一九九二年七月，我決定長途跋涉，去蘭州，轉嘉峪關，走絲綢之路，到新疆的喀什噶爾，拜訪「香妃墓」，歸程時，由旅行社的安排，我在四川成都的「望江公園」，得與隔別了四十多年的老朋友，重逢見面，傾談了四十多年來，未在一起的往事。

眞是人生聚散無常，一切難以捉摸與控制。

轉瞬之間，「香妃墓」歸來後，我又十餘年，未再與世德見面。

他的子女與我的子女均已長大，進入社會工作，而我與他，亦均垂垂老矣。

我繼《香妃考證研究》之後，二〇〇三年，又出版了新書《楊貴妃考證研究》，也許，有不少人還不知道：楊貴妃並非被縊殺死於「馬嵬坡」，而是死後甦醒復活，最後潛逃至日本，中途乘的船觸礁沉沒，由救生小艇漂流至日本山口縣油谷町一小漁村，病死異鄉。

我特將這本新書寄給他，也盼望他有新書寄贈給我。

（發表于二〇〇四年二月「文學人」第四期）

奇人——朱順官

一、

朱順官，是個奇人。

他不是個富有的人，但是他爲了自己的興趣，往往做出一些凡人作不到的事。

我認識他的時候，是廿多年前的事，那時，他大概四十多歲，頭髮都沒有白，那時我是中視電視劇的製作人邀請他擔任國語連續劇「香妃」的編劇，他是四個編劇人中，最年輕的一個，他愛好音樂，自己創設了一個「陽春音樂社」，收藏了好幾千卷古典音樂帶。

如今，相隔了很多年，我早已自「中視」退休，不再製作電視劇，他也很少再編寫劇本，他不再收藏音樂帶，改行拷錄各種不同戲曲的錄影帶，成爲國內多種戲曲蒐藏的權威，他有一些機器設備，可以將大陸一些珍貴的戲曲精華，拷錄成光碟片（ＶＣＤ）。

他擁有兩萬卷的傳統戲曲錄影帶。包括：京劇、川劇、粵劇、越劇、豫劇，到罕見的藏劇、儺劇、崑曲。

他投入這些戲曲影像的保存與數位化工作，已近廿五年。

自從兩岸開放文化交流以來，他蒐藏的豐富，令大陸的戲曲界有關人士，嘆爲觀止。

德國海德堡大學漢學中心的主任，參觀了他的資料庫後，讚賞爲罕見的「戲曲寶庫」。他可以一次提供七種不同劇種的《斷橋》版本，和十五種不同的演出版本，有些撰寫博士、碩士論文的學者，都到他的寶庫來，尋找別處找不到的珍貴資料。

二、

過去，我製作「香妃」電視劇播出後，在日本方面掀起一陣「香妃」熱，民國七十一年二月間，朱順官拷錄了一個日本樂聖山田耕筰作曲編劇，團伊玖磨指揮，栗山昌良演出，二期會合唱團，與日本樂劇協會合作演唱，由丹羽勝海演乾隆，香妃一角由中沢桂、東敦子二人輪流擔任，皇太后由安念千惠子擔任，郎世寧由栗林義信飾演。

我想台灣也沒有別人有這樣的錄影帶。

九十年十二月我出版了「掀開歷史之謎」一書，確認楊貴妃縊殺死後復活，最後逃往日本，朱順官又拷了上、下兩片ＶＣＤ，是大陸上崑劇團在日本東京公演：「貴妃東渡」一劇的錄影帶，雖說該劇之內容，與眞實的史實不盡相符，但卻是難以找到的一份參考資料，促使我鼓起勇氣來完成：「楊貴妃之謎」的舞台劇本。

朱順宮現亦已是一白髮蒼蒼的老人，他畢生的心血、財力都投注在戲曲蒐藏拷錄上面，他為戲曲文化傳承提供了難得的貢獻，他是「戲曲錄影帶的圖書館」政府的文化機構，應給予他適當的財力支持與鼓勵才對，否則，將來將後繼無人，再來做這樣無利可圖藝術傳承的工作。

三、

這幾十年來，我們眼看著科技不斷進步，過去，是留聲機放唱片給大家聽，後來，由電唱機、再後來由錄音帶放音樂來聽。

有了電視以後，又有了錄影帶，而大陸上電視畫面，與台灣播映的電視畫面不同，還需機器轉烤才能看，接著錄影帶，又有BATA、VHS等不同的規格……如今又進入了CD時代，要光碟機VCD、DVD才能看又能聽。

過去的老唱片、老錄影帶，大部份要淘汰換新，轉動的機器亦然。朱順官的「陽春音樂社」與廿多年前的情況也不大相同，頭髮白了，青春也飛逝了，這一位難得的戲曲保存大師，容我在此，向他致最高的敬意。文化單位若想與他聯絡，可電：二三三一三二八〇。

廿一世紀來臨了，文建會也好、文化局也罷，我盼望多關心這位奇人，給他一絲溫暖的照顧吧！

（發表于二〇〇三年十一月「文學人」第三期）

獅子林，真有趣

一、

我的故鄉：蘇州。有不少有名的園林，其中，最令我念念難忘的，是「獅子林」。這是一座運用太湖邊的石塊，做成上、中、下三層的假山，山中有洞穴，可以穿越往來，初入者如同進入迷宮，不知何處是出口。

那時候，我在蘇州讀有原中學，途中經過該園，常進入玩耍，不需買門票，只需交一張名片給管理員，即可進入。

相傳該園始建於元朝（西元一三四二年），原係一佛寺，佛經中，佛陀說法稱：「獅子吼」，乃得名。

園中奇石形象各異，有「牛吃蟹」者，狀如牛吃一隻螃蟹狀，再如雄獅蹲立，幼獅嬉玩，雙獅搏鬥，奪球追逐，更是越看越像眞的一般。

明嘉靖年間，園一度乏人管理，形成荒廢，後復爲貴家所占。萬歷廿年，有僧明性奏本皇上，修復一隅，題名「聖恩寺」，用作藏經之用。

清乾隆年間，南下江南巡訪。（西元一七六五年）他見園中石獅林立，乃指點若者爲大獅，若者爲少獅，若者爲獅舞，若者爲獅吼，若者爲蹲睡，若者在搏球，若者在相鬥，陪同遊園者細爲審視，咸嘆爲觀止，乾隆一時興起，提御筆寫下「眞有趣」三字，陪駕中有狀元黃熙者，上前奏曰：「啓奏萬歲，臣見聖上字字龍飛鳳舞，鐵劃銀鈎，其中「有」字，更是百媚千態，臣冒昧懇請聖上，可否賜臣此一『有』字。」。

乾隆一聽話中有音，轉念一想，「眞有趣」不如「眞趣」，來得「風雅」。遂另寫小字一行：御贈黃熙「有」留下「眞趣」二字，作爲匾額，掛予亭上。

這個「眞有趣」的故事，是園中管理人員，所告知，迄今，多少年過去了，仍難以忘記。

二、

過了多少年，「獅子林」又陷入荒廢。到了民國七年後，園主歸由聞人貝潤生所有。他花了前後九年的時間，耗資七十餘萬銀元，將之修葺改建。

對舊有的「指柏軒」、「問梅閣」、「立雪堂」諸勝，皆循故重建，此外，並新建了「湖心亭」、「九曲橋」、「石舫」、「荷花廳」、「見山樓」、「玉松園」、「飛瀑亭」等新景。

其中，最令人印象深刻的是「石舫」、「飛瀑亭」。

「石舫」是石頭建造的一座石船，形式是古式古香的畫舫，有兩層樓，可在上層，「飲酒賞月」，我那時是中學生，登上石舫去觀賞過，那時就想，這條石舫如能像一般船一樣，可以划到湖中心去才好。因它是用石築造，固定在岸邊的。

至於「飛瀑亭」，是人工瀑布，多半需要接連下兩天雨，才可看到瀑布自山石中有水流下來，平常晴天是不可能看到瀑布的，大概那時還沒發明，可用馬達將水打到上面的山石的設備吧。

獅子林的面積達十餘畝之廣，抗戰時期，蘇州爲淪陷區，日軍佔領後，闢爲漢奸汪精衛的別墅。大陸解放以後，經整修正式對外開放。七十九年，我返鄉去掃墓時，曾再度去園中遊覽，舊時景象，依舊如昔，並無多大變動。

（93．2．22青年日報）

龍鳳配噩夢

我生肖屬龍，父親給我的名字中，有一「龍」字。

我十七歲那年，認識了一個同年也屬龍的女孩子，因家母與她母親很熟，我母找一算命的來合八字，有意結成親家。誰知，算命的說：「龍與龍，不宜婚配」，婚事也就告吹。

相隔了多年，我隻身離家到了台灣，一直未婚。只記得算命的說，最好找一女方屬雞的，才是「龍鳳配」，最佳的組合。

龍與雞，必須相差五歲，不容易結合，就這樣，我的婚事，就一直蹉跎下來。一直到我卅五歲，認識了一個十八歲屬雞的女孩子，才結合在一起，組成了家庭。

婚後，她爲我生了三個小孩，我發現倆人志趣並不相合，她覺得我年紀比她大，又是個薪水階級，收入有限。孩子長大後，她沒上班，生活很無聊，就上午去證券公司炒股票。賺了錢，就購買一些電器用品。向我示威，我也就不再管她，由她去發揮。結果有一年，快過年了，她留下一封信出走了，我看信才知道因做股票，賠了不少錢，欠了不少債，已無法收拾，才只好一走了之躲了起來。

沒多久，債主紛紛上門討債，使我苦不堪言，差一點逼我宣佈破產，賣房子去清償債務，廿多年前，前後共欠了四、五百萬元之債，後來由我答應分期寫劇本，以稿費來償還，才平息了這一風波，那幾年，我拚命編寫劇本，前後還了八年之久，每月還八、九萬元，才還清；誰知還清以後，她又偷偷去做股票，她說：「什麼地方跌倒，什麼地方爬起來。」。

我無法忍受，只能向她說：「你要再去做股票，那我們只好離婚！」

我們結束了這噩夢一場的「龍鳳配」婚姻，共同生活了廿一年。

如今，我第二次婚姻。娶的是個屬「蛇」的女子，也爲了我生了個男孩，婚後已十七年，日子過得很幸福。

（93・2・10中國時報）

憶無錫錫山

一、

劇作家曹禺的名著：《雷雨》，其中周樸園說：「無錫」是個好地方。因爲他年輕的時候，曾在無錫待過，並且還和一個姓梅的姑娘，前後生了兩個孩子，也就是劇中的周萍和周沖。

我因爲曾改編「雷雨」爲廣播劇，所以，對於無錫，我也有深深的憶念。

我是蘇州人，蘇州雖離無錫很近，坐火車的話，只一站就到，唸高中的時候，我在無錫正風中學上學，與我同窗共讀的，有一位叫王世德的同學，那時他比我小兩歲，但經常在當地報紙的「副刊」上發表文章，我也就在那一年，受他的影響，也開始了我的寫作生涯，同時，也開始了我人生的初戀。

那個與我同年的女孩子，名叫賀祥雲，也就是我家住無錫時房東家的女兒。

因爲同住在一個宅門，彼此年齡相同，又都愛好唱流行歌曲，就很自然的結識，相愛在一起，一度我母親還有意爲我與之聯姻，唯因算命先生說：「屬龍的不宜與屬龍的相配」，婚事乃告吹。

二、

無錫鄰近太湖，秋天吃大閘蟹，去太湖泛舟，還有去惠泉山買泥菩薩來玩，不一定是菩薩，就是泥做的玩偶，像八仙過海，劉關張……等人物，一些觀光客去玩，都會買些帶回家做紀念品，我家牆上就掛了不少，後來，我到台灣，它們都沒有帶出來。

太湖旁有一風景區：「蠡園」，上有「黿頭渚」等名勝，是當年西施、范蠡退隱後，所設置的花園，風景有山有水，十分雅致，我與祥雲、世德曾去遊覽過。

無錫還有一座「錫山」，但不產錫，故有人出了一道上聯：

「無錫錫山山無錫」

多少年來，始終找不到絕配的下聯，成爲文壇的佳話。

山光水色的無錫，離別已五十餘年了，盼望有那麼一天，我仍能回去悠游一番，那眞是樂在其中，難以言宣。

（92·11·9青年日報）

寒山寺與寒山

一、

唐朝詩人張繼寫了一首「楓橋夜泊」的詩，千古傳誦，如今已列入中學的「國文」課本，而坊間出版的《唐詩三百首》等書籍，亦均將此詩列入，一首詩能歷久風行是很難得的事。

我是蘇州人，爲了「寒山寺」、「楓橋」、「江橋」、「楓葉」、「烏柏」、「愁眠」、「愁眠山」……等作了深入的研究。

八十五年一月，我先在「中國語文」雜誌，發表了我對該詩的看法，引起很大的回響，因爲一般書籍均對「江楓漁火對愁眠」這一詩句，解釋爲「江邊的楓葉和漁船的燈火，使我憂愁得睡不著覺。」

而我的解釋是：寒山寺前面有一「江橋」（原名江村橋），又有一「楓橋」（原名封橋）。橋下泊有漁船、客船，而附近有一「愁眠山」，可聽見寒山寺之鐘聲。

我引證了清．王瑞履，寫的《重論文齋筆錄》記載：「江南臨水多植烏柏，秋葉飽霜，鮮紅可愛……楓，生山中，性最惡濕，不可能種之江畔也。」

烏桕的葉子，到了秋天也會變紅，一般人不察，誤認烏桕就是楓葉。再說，寒山寺前的是河水，並非江水。不遠處有獅子山、愁眠山。

以上是一些寒山寺題外的說明，本文所要說的是居住在「寒山寺」的「寒山」，其人其事，一般人知之者，恐不多也。

二、

「寒山寺」原名「妙利普明塔院」，興建於南朝梁・天監年間（公元五〇二—五一九），迄唐貞觀年間（公元六二七年）有僧人寒山、拾得二人居此，後人始稱之爲「寒山寺」。張繼寫「楓橋夜泊」詩時是在公元七五三年，由是「寒山寺」，成爲一知名的古刹。

寒山的本名，無人知曉，但經過後人考證，確有其人。因他留下了三百餘首詩，並有被譯成英、日、法等國文字，在國際間享有詩譽。

寒山，生於唐貞觀年前後（公元六一八年），原爲農村一貧苦的讀書人，家有屋有地，有妻有子，自耕自種，自稱「貧子」，有感於當時社會病態，貧富不均，乃鄙棄功名利祿，跑到天台翠屏山隱居起來，不聞世俗之事。該山深邃聳立，暑天飄雪，亦名「寒岩」，因而他自稱「寒山子」。

山中有一「國清寺」，寒山與該寺廚房中伙夫名拾得者結識，二人意氣相投，成了莫逆之交，寒山因之皈依了佛門。

拾得在食堂收拾殘羹冷飯，儲於竹筒內，交由寒山攜出食用。二人並不參禪誦經，瘋瘋癲癲，卻能出口成章，且詩中含有哲理，他僧無法理解，暗中恥笑，而國清寺中主持豐干長老慧眼獨具，頗爲器重二人之聰明才智。

拾得原名不詳，是豐干於路途拾得之棄嬰，乃名拾得，與寒山同受豐干之教化。《寒山子詩集》共收錄三百餘首詩，除寒山寫的詩外，內附錄有豐干、拾得之詩。這些詩，皆是有感而發，通俗自然，別有情趣，具獨特詩格。如：

「一住寒山萬事休，更無雜念掛心頭，間于石壁題詩句，任遠環回不繫舟。雲山疊疊達天碧，路僻林深無客遊。遠望孤蟾明皎皎，近聞群鳥語啾啾。」

三、

「寒山寺」之「藏經樓」下，有揚州八怪之一羅聘所畫「寒山與拾得」雕刻像。兩人皆袒胸露乳，蓬頭赤足，一人手捧淨瓶，一人手握蓮花，眉開眼笑之神態，好似在逗人喜樂。

記得幼年去寒山寺遊玩時，母親曾指著兩人之畫像告訴我說：這兩人後來成了仙，人稱「和合」二仙，一些年畫上，畫有他們兩人的像，是喜樂和平的象徵。（93·3·28青年副刊）

回祿殘存

我在卅八年隻身來台後，也曾有過一些年輕時的照片，包括小學畢業照、初中畢業照、高中畢業照，以及考入大學時新拍攝的照片，及大學畢業戴方帽的照片，我曾將之排列在一起，準備來日出版「自傳」和「回憶錄」之用。誰知民國九十一年七月九日的一場回祿之災，使我的這些照片，全部付之一炬，不管少年十五、二十，還是青年、中年，老年，再也找不到了。

民國四十一年，總政治部出版我的《烽火戀歌》單行本，我仍保留了一本孤本，然而青澀年少的吉光片羽，任上天下海，也找不到半點影子。

我很希望能趕上「文訊」雜誌辦的「作家年輕照片」這班列車做最後一個乘客，盼望賜我這個筆耕已六十年的老兵一個座位。

我十七歲時，就在蘇州日報上發表文章，廿二歲時，就在報上連載「長篇小說」，如今這些「剪報」及連載小說的「合訂本」，都在家中發生火災時，付諸一炬。好不容易，在雜物堆中找到這一張照片，想起我年輕時寫稿戴眼鏡，如今，年老了，因白內障開刀，結果，卻不用再戴那副戴了五十年的眼鏡，人生的變化，眞是讓人料想不到。

火災之後，我出版了一本《回祿殘存》的書，也是我出版的第六十三本書，寫了六十年，有此成績，也可聊以自我安慰一番了。

（文訊二〇〇四年十二月一二五期）

追憶當年

電視往事

退休的時候，我因服務電視界屆滿卅二年，當時擔任新聞局長的胡志強先生，還頒了我一塊紀念獎牌，胡志強的夫人邵曉鈴女士，當年是我製作《長白山上》的女主角呢！……

一、

民國五十一年十月，臺灣電視公司成立，正式對外開播，距今已有四十二年的光榮歷史了。

我是當年參加公開應徵獲該台錄取的工作人員，報名的人很多，經過初試、筆試、口試，才倖獲取，只記得，最後是三個人，由總經理周天翔親自面試，三個人淘汰一人，只錄取兩名，被淘汰的，竟是一名博士。

光輝十月，有不少節日放假，而我們初進這一個新興事業單位，大家士氣高昂，連星期日也不放假，照樣上班，依然忙得很起勁，毫無半句怨言。我擔任的是節目編審工作，除了上班審查劇本、腳本以外，有時，還在夜總會、舞蹈社等表演單位，去察看演出情形，若演出不夠水準，就淘汰出局，不准上電視。

當年，一部電視機價格昂貴，一般家庭買不起，電視公司為了使大家能看到電視，就在公司大門口，擺了兩架電視機，晚間六時節目尚未開播，就有不少人來站著等看，一直看到十一點收播才離去，一點也不覺得累。

那一年，我還是單身貴族，為了上班方便，就從木柵搬到八德路公司附近租屋居住。公司為方便同仁看電視，特別以優惠價格，讓大家先購後付款，分十期在薪水中扣還。

因此，我也買了一架，這下好了，我下班以後，屋子裡擠滿了人，隣居大人小孩像在電影院看電影一樣，也是從開播看到收播，我有時累了，先睡，他們也照看不誤，使我有口難言。

那時候，全省只有三千多架電視機，中南部因無「中繼站」，看不到電視畫面，金門、馬祖更是如此。

而電視廣告，價格昂貴，比報紙、電台，高出很多倍，開播初期廣告不多，臺視第一年開播，沒有賺錢，還貼了老本，到第二年才維持平衡，到第三年才轉虧為盈。

二、

當時的電視節目，以「美國新聞處」提供的影片播出較多，現場自製的節目較少，有幾部卡通影片，一再重播，連小孩子都看煩了，比較受歡迎的是歌唱節目：《群星會》、《爵士新聲》、（西洋歌曲），還有傅培梅女士主持的《每周一菜》。

至於電視劇，閩南語第一齣播出的是張永祥編寫的《重回懷抱》，是一齣卅分鐘長度的「獨幕劇」，我覺得電視劇中間可以換場景，這以後才有了改進。分場國語電視劇第一齣是朱白水根據廣播劇改編的《浮生若夢》，等於電影一樣只有一小時長度，根據觀衆意見調查，那時最受歡迎的電視節目還是「電視劇」。

當時，臺視買不起「錄影機」（VTR），電視劇都是「現場播出」，因之經常出糗鬧笑話，使導播在副控室發火跳腳。有一次因劇情動人，觀衆要求重播，因係現場播出，無錄影，就麻煩演員，再重演一次。

有一次，兩個演員演對手戲，演至中途，甲突然忘了台詞，接不下去，乙也不知如何接上去，開麥拉對準甲，希望他能想起來，但甲一緊張，越發想不起來，畫面愣在那裡，導播也無經驗，措手不及，一分鐘像五分鐘那麼長，最後由別人暗中提示，才解了圍，導播於戲結束後，宣布今後再也不導此演員的戲。

當年錄電視劇，棚內只有兩架攝影機，導播要甲攝影機的畫面時，甲攝影機上的紅燈會亮，乙攝影機上紅燈就會滅了。一些演員都明白這項規矩，有一次，戲演到某一演員，臨終死去，他眼睛閉上，耳朵聽到一些演員移動至另一景區去了，他以爲開麥拉也走了，就在床上坐了起來，鬧出「死人復活」的笑話，使悲劇變成了喜劇。

因爲現場播出，有時主要演員，連場演出，中間沒有時間換衣服，如第一場在家中穿便服，第二場去公司上班穿西裝，無時間換裝，就先把西裝穿好領帶打好，外面再穿寬大的睡衣、睡褲，因二場連戲，往往顧此失彼，西裝筆挺，結果腳上穿的是拖鞋。

還有：一個主要演員，在全劇十場戲中，有三場戲，是在某一景區演出，結果，他在同一景的第二、第五、第八場的台詞，弄顛倒了，事後發覺，台詞前面已說過，怎麼又重複說呢？要補救也來不及，只好向觀衆說，對不起，我說錯了。

匆忙中，重要的道具，忘了帶在身上，戲演了一半，他說：「我開支票給你。」但一摸身上的口袋，支票簿不在身上，急得滿頭大汗，最後靠現場指導在地上把支票簿塞過去，才解了圍。但破綻給觀衆看得一清二楚。

幾個女孩在一起跳舞，其中有一位，跳得太用力了，結果吊帶扣子掉了，裙子掉下來，內褲也給人看到了，她急忙拿著裙子逃下場去，觀衆看了大笑。

兩人在場上開玩笑打架，先是你推我一把，我推你一把，大概推得太用力了些，牆是佈景片，因而倒了下來，演員不知去扶牆好，還是繼續演戲好，尷尬萬分。

三、

電視現場演出，鬧的笑話寫不完，一直到民國五十八年，中國電視公司開播，買了「錄影機」（VTR），就可以不用「現場演出」，改爲「錄影演出」，所以出糗、鬧笑話部分，都可以在「錄影」的時候，要求導播「重錄」，這樣，電視也才向前跨了一大步。

因爲有了「錄影機」，也就產生了「連續劇」，可以提前「錄存檔」，黑白畫面的電視機，也變成了彩色，我也因合約期滿，離開了臺視，進入中視工作。

我在中視，製作了《情旅》、《春雷》、《長白山上》、《龍江恩仇》、《香妃》等連續劇，獲得了四座「金鐘獎」。

民國八十二年，我因年齡屆滿六十五歲退休，離開了中視。退休的時候，我因服務電視圈屆滿卅二年，當時擔任新聞局長的胡志強先生，還頒了我一塊紀念獎牌，胡志強的夫人邵曉鈴女士，當年是我製作《長白山上》一劇時的女主角呢！

93·3·19中央副刊

舞臺上的趣事

一、

民國卅八年四月，大陸局勢逆轉，我隻身來臺，投筆從戎，在陸軍八十軍政工隊做少尉隊員，隊長朱白水先生知道我會編舞臺劇，就要我就隊上只有四位女隊員，六位男隊員的情況下，編寫反共的舞臺劇，在軍中司令臺上演出，看戲的官兵都是自帶小板凳，排排坐在臺前看戲，先是在軍部演出，然後巡迴至南部爲軍部所屬駐防的部隊官兵演出。不對外公開營業演出。

記得第一次上臺演戲，我拿下了六百度深的近視眼鏡，臺下黑壓壓的一片觀衆，模模糊糊看不清楚，減低了緊張感，舉手投足，我演出時滿像那麼回事。

那時演舞臺劇，爲怕演員臨時忘詞，楞在臺上出洋相，多半安排一個人躲在臺上的沙發背後，手上拿劇本，低聲向臺上演員做「提示」的工作。因爲劇本是我自己編的，臺詞背的滾瓜爛熟，根本無須「提示」，想不到因此鬧了笑話。

原因是這樣：有一場戲是我在臺上徘徊走著，嘴裡喃喃自語的說著一句話：「怎麼辦？」不久，另一位演員上臺來與我對戲，接演下去，大概是我喃喃自語的那句話，聲音低了些，躲在沙發背後的「提示人」沒有聽見，他就一再提示我說那句臺詞，不讓要上臺接戲的那位演員登臺。

當時，我在臺上，不想再重復說那句臺詞，只好徘徊又徘徊，等了又等，就是不見人上來接戲，而提示人依然負責的，提示我說那句臺詞，才肯讓接戲的演員上場。

最後，我火大，忍無可忍了，大聲向躲在沙發背後的提示人說：「那句臺詞，我早就說過了，你快讓他上場吧！」提示人這才放那位演員上場，使戲劇繼續演下去。

下戲後，隊友問我是怎麼回事？跟誰生氣，我把原委說出，大家均爲之捧腹不已。

二、

那時演舞臺劇，一些效果聲，多半由負責效果的人來做。例如：雷雨聲，多半用籮筐搖擺一籮筐的黃豆製造出來的。開槍的聲音，由臺上演員，用木製漆黑的假手槍，作開槍狀，舞臺後做效果的人員就摔摜炮的聲音來替代。

有一次演戲，臺上的演員開了槍，摜炮可能受潮了，沒有響，臺上的演員就裝做卡彈未響，又開一次……結果，還是未響，該中槍的人未中槍倒下，戲就演不下去，這時開槍的演員急了，拿槍反過來看一下，誰知這一次槍聲響了，等於打死了自己，戲就更演不下去了。看戲的觀衆反而鼓掌大笑。

又有一次，一位演員穿了雨衣，自門外上場，顯示門外在下大雨，誰知上場不久，因戲中發生衝突，被人一槍打中，倒在地上死去，按說，打死了的人，是不能動的，誰知道這位中槍倒在地上的演員，躺下的地方有一條電線，而電線有一段接線處，露在外面，雨水從雨衣滴在那段接線處，發生漏電的情形，雖不致觸電致死，但那麻麻的感覺像受電刑一般。那位演員躺在那電線上，先是盡量忍耐，但後來忍不住就跳了起來，逃下臺去，使看戲的人，不知道發生了什麼意外？

還有一次，一個男演員在臺上脅迫一女演員，女演員一步一步向後退，最後退至臺口，再退一步就整個人掉下去，說不定會跌傷。男演員在緊要關頭，去拉住女演員的辮子，防止她跌下去。那知，是個假辮子，辮子斷了，引起哄堂大笑，女演員卻因此跌下舞臺，釀成悲劇。

最難忘的一件事，好像是民國卅九年，我們巡迴至屏東外海的小琉球島上去演戲，島上沒有電燈就點煤氣燈來照亮。也沒有舞臺可以演戲，但阿兵哥有辦法，把很大的汽油桶集合擺在一起，在桶上放門板做地板，一切都是克難的。那地方也沒有電影院，看戲的官兵是非常熱誠的，吃完晚飯，早就拿小板凳等著看戲了。後面的就用長板凳，先是坐著看，後來，最後一排乾脆站在長板凳上看。

記得那次演出的是一個類似《天字第一號》的間諜戲，是隊長朱白水自己編的，我在劇中演的是一個間諜角色，到最後才亮出身分，誰知臺上演得正起勁時，忽然天公不作美，先是下起毛毛細雨，我們打算不演了，但戲已進入高潮，觀衆高叫：「繼續演下去。」我們不忍掃大家的興，就接著在露天雨中演下去。

雨愈下愈大，觀衆沒有人去躲雨不看戲的，我們在臺上，也就不管雨大雨小，一直演下去，演至劇終，演員、觀衆都成了落湯雞。

舞臺劇迷人就是這樣，事隔五十多年了，我依然難以忘記，那一次冒雨露天演戲的往事，這是現代一般年輕人難以想像、無法理解的。

93・5・14中央副刊

人生跑道上

一、

翁家玲，大家都說她是個有「福氣」的女人。

在人生的跑道上，她一直在順境中長大，學校畢業後，順利的在一家貿易公司找到了一份工作，以後，又遇見了一位英俊、體貼而又能幹的先生，徐中強，與之結婚，建立了一個溫馨的家庭，不久，生下了一個活潑、可愛，而又乖巧的女兒，小華，一家三口，過著幸福安逸生活，小華，如今已五歲了，遺憾的是，至今，還沒有生個兒子。

這一天，當醫生把化驗的結果，告訴她，證實她又已懷孕的消息時，她高興的叫了起來，帶著懷疑的口吻，問醫生說：「是眞的嗎？」

「是眞的……快去把這個好消息，告訴你先生吧！」

徐中強知道這一喜訊後，也興奮異常的把她抱了起來，並誠摯的向她說：「家玲，我希望這一次，能生個兒子，給小華添個弟弟，這以後，我們就可以不用再生了。」

「要是這一次，還是生女的呢？」

「不會的，我有預感，這一次，一定是個男的！」

「我也是這樣想，但是，老天爺，能不能天從人願呢？」

「你是個有福之人，一定會天從人願的！」中強這樣說著：「對了，家玲，若是男的，我們就叫他小強，好不好？」

「小強？……好呀！」

「我盼望他將來長大，做個醫生，服務社會，造福人群！」他腦海裡充溢著美麗的幻想：

「我相信，他一定比小華，還要聰明！」

「瞧你，孩子還在肚子裡吶，你就想這麼遠了！」

家玲嘴裡雖是這樣說，事實上，她自己也沉醉在想像中，臉上綻放出笑的酒渦。

「家玲，小華等會兒幼稚園放學回來，你也別做飯了，我們全家出去吃，好好的慶祝一下，怎麼樣？」

家玲並不反對，但是她開始想起，多了一個孩子以後，就多了一個負擔，將來，生活方面，一定得省著用才行，孩子的奶粉錢……是很可觀的支出。

二、

家玲的一些親友，獲知她又懷孕的消息後，大家都熱誠的向她道賀，並殷切的期著，她這一次能生個男孩，惟一的女兒小華，更是天天關心著，未來的弟弟，何時才可誕生。

家玲的媽媽，也經常來探視家玲，爲了她能好好的生產，希望她早日辭去工作，安心在家待產，以免過分勞累，動了胎氣，家玲並不想從此做一個家庭主婦，但拗不過中強也持同樣的看法，當懷孕到五個月大的時候，她就向公司遞上了辭呈，爲這件事，兩夫妻還鬧了好一陣的別扭，她才屈服的。

肚子一天的大起來，家玲的媽媽，開始爲未來的寶寶準備了尿布，或嬰孩的衣服，並督促家玲去醫院做定期的胎前檢查，及胎兒性別的超音波掃描，當反應顯示，確定是一個男嬰時，大家更樂得什麼似的，與親友交談時，迫不及待的透露著這一訊息。

夫婦間，閒暇時，談論的也是新生嬰兒的一切，他的長相如何？鼻子像誰？會不會是雙眼皮？大眼睛？在他未降生以前，一家人，過的是甜蜜、愉快的日子，小華也格外享受到父母對她的寵愛。

預產的日子，到了。

中強把家玲送到了醫院，原以爲還早，誰知，經過陣痛，這第二胎很快的就出生了。

果然是個男的，但是想不到的，卻是個殘障的畸形兒，當中強，在保溫箱裏，看到他的兒子，竟然是那副怪模樣時，他一時難以接受這一殘酷的事實，家玲更是傷心的痛哭起來，怎麼想像中，完美俊秀的麟兒，竟會是這麼一個模樣，「天呀，難道是我造了什麼孽，會生出這樣的一個怪物來？」

「家玲，該不會弄錯了吧，我和你，都很正常，怎麼會生出這樣的畸形兒來呢？這是不可能的事！」

「醫生說，沒有弄錯，……在醫學上來說，會有這樣的意外發生的！很可能是我懷孕的時候，爲了想辭去工作，和你嘔氣，情緒受影響，所種下的後果……」說到這裡，家玲又嚶嚶的抽泣起來！……

「現在說這些，又有什麼用呢？……問題是，將來，親友們問起來，怎麼說呢？……對了，你媽來過了嗎？她知不知道這件事？」

「媽，還不知道，我想暫時不告訴她，別讓她太難過，……可是，這又能瞞多久呢？將來，遲早會知道的！……中強，……我眞沒有臉去見人！」家玲想到傷心處，熱淚又奪眶而出。

「家玲，別這樣！」中強一面安慰著，一面思索著：「我想，畸形，也許只是暫時的，過些日子，長大了，也許會恢復正常的。」

「會恢復正常嗎？要是長大了，還是那怪樣，親友見了，都會笑我一輩子的！」

「家玲，別想那麼多了，現在醫學昌明，有些專門整形的醫院，會有辦法來補救的！」

新生嬰兒的誕生，沒有帶來半點喜樂，反而為這一對夫婦，蒙上了一層灰暗的陰影。

三、

家玲出院以後，把「小強」忍淚抱回家去扶養。

遵照醫生的囑咐，定期抱回醫院接受檢查和診療。結果，發現他心臟方面，有先天性的缺陷，將來可能還要動手術矯治，此外，其他內臟方面，也有不少的毛病，經常發高燒不退，三個月之內，為了他的病痛，花了很可觀的醫藥費。

「唉，眞是十足的討債鬼！」中強也這麼說。

此外，他們面臨最受不了的難關，是不知如何面對那些好意來探望的親友，他們本不打算讓小強在親友們面前亮相的，但是，那是很難做到的，見一次，就使家玲心碎一次，最後，她實在沒有勇氣，再跟那些親友會面了。

這期間，惟有小華，對畸形的弟弟，並不嫌棄，還常逗引他發笑，發現他哭了，就叫媽媽來，餵他吃奶。發現他尿了，會通知爸爸來，給他換尿布。

家玲的媽媽，時常在家裡燉了雞湯來看女兒，她並不以女兒生了這樣的畸形兒為忤，反而慈藹的勸慰家玲，要同樣的愛心，來照顧這個小孩，因為這究竟是自己的骨肉。

「媽，我眞不知道，前世做了什麼壞事？今世，才會生出這樣見不得人的畸形兒來！唉！

……」

一向「順利」的家玲，首次嚐受到「不順利」的苦楚，她的精神堤防，幾乎已瀕臨崩潰。

「家玲，別這麼說，生畸形兒，不只有你一個。人生，難免會遇上一些不如意的事，我們要想開一點，別再怨三怨四，自尋煩惱。」

「媽，我能不怨嗎？自從我生了他以後，親友們知道了，都在背後說我的閒話。要不就說些風涼話，安慰我說不用緊張，就來長大了，會矯治變好的！」說到這裡，家玲驟然激動起來，她緊握媽媽的手說：「媽，我眞想，把他掐死算了，要不然，中強和我，都像是長了大痲瘋的病人一樣，一個熟人，都不想見！」

做母親的拿出手帕，擦去了家玲的眼淚。「我瞭解你的心情，可是孩子是無辜的，你可千萬不能這樣做，你沒想過，這是犯法的！」

「媽，你不知道，每當我餵他吃奶的時候，看他歪斜的小臉，和畸形的手腳，我的心，就碎了，我想到，他將來長大後，怎麼去上學，小朋友們，都會笑他，欺負他，成人了，怎麼去找工作、找對象，他能在社會上立足生存下去嗎？」

「家玲別想得太多了，社會上，殘障的人很多，都活得好好的，別再往牛角尖去鑽，這樣，你只有越想越痛苦！你要往好的一面去想！人生，難免不會碰上一些不如意的事，既然碰上了，就要平靜的去面對接受、適應這個事實。這樣，你的心靈上，才能減輕痛苦，在人生的跑道上，才能跑得輕鬆自在。」

「眞是這樣嗎？媽！」

「這就好像，你不小心，突然受了傷，變成了殘廢，你是天天爲這件事傷心、難過好呢，還是安心的療傷，勇敢的接受這個事實，比較好呢？人生的跑道上，免不了會遭遇讓你挑上一些重擔，若是一旦遇上了，我們就勇敢的面對重擔，咬牙！把它挑起來！」

「媽，……你說得很對，……我心裡很明白，但是，我做不到，……我眞的做不到！……」

家玲又哭起來，她的哭聲，吵醒了小床上的小強，他也哭了起來。哭聲瀰漫著，空氣中充滿了愁雲慘霧。

四、

日子一天天過，小強也一天天的長大。

他帶給父母痛苦的折磨，也一天天的加深，使人難以忍受。

有一天半夜，大概是因爲長牙的關係，哭鬧不休。

中強在睡夢中，被他吵醒，摸摸他的額頭，有些發燒，擔心，是不是又要化醫藥費了。

記得醫生說過，他的心臟，有先天性的缺陷，遲早要開刀動手術，才能治好，而這種手術，需要化很可觀的醫藥費！

家玲知道中強的心事，她幾經掙扎，終於脫口而出的說：「中強，我們把他送給別人養，好不好？老是背著這樣沉重的包袱，眞受不了！」

「送給別人養？你捨得嗎？」

「我捨得！」

「這是你親生的骨肉，你一點都不心疼！」

「誰要他，是個畸形兒呢！」

「家玲，我不贊成這樣做，我不想在我們家，製造骨肉分離的悲劇。……再說，眞要送給別人，別人看他這個模樣，也不一定肯接受。」

家玲冷靜的給中強分析：一個孩子，從小到大，生活費、醫藥費、教育費，總加起來，起碼要一百萬元以上，小強若是一個正常的小孩，這麼多錢，化下去，也許將來，他對社會國家，有所作爲，做父母的辛勞，也有了代價，可是，現在這樣，他要化加倍的錢，但未來的收穫，又是些什麼呢？……值得爲他這樣做嗎？

中強卻不爲所動，他告訴家玲，做父母的扶養子女，是責任，也是義務。不能用「價值」來認定，值不值得這樣做？

「中強，別這麼固執，我求你，答應我，把他送給別人養算了，我們還年輕，我們可以再生一個正常的孩子，不好嗎？」

「再生一個，若是仍然是畸形兒，那怎麼辦？再送人？」

「你……你總是喜歡和我抬槓，唱反調，讓我嘔氣。小強會是個畸形兒，絕對是你在我懷孕的時期，害我生氣，所造成的後果！」

中強聽家玲這樣說，生起氣來，他怒氣沖沖的指著家玲說：「你怎麼這樣說呢！……每一次吵架，多半是你自己在無理取鬧！」

家玲不甘示弱，大聲反擊說：「我無理取鬧？你才無理取鬧呢！」

「你說我固執，我看，比起我來，你更固執，天下做母親的，沒有不愛自己兒子的，所謂『癩痢頭的兒子自己好』，你竟然，曾想到把自己生的兒子，送給別人去養！」

「你越是這樣說，我就是越要這樣做，看你怎麼樣？」

「你敢？」

「我有什麼不敢的？」

爭吵到天亮，二人誰也沒有再睡。

五、

家玲決心把小強送走，她想起表妹，沈芸在一家私人辦的孤兒育幼院工作，也許，她可以幫忙，讓她達成這份心願。

那天，當她把來意，向表妹說明後，沈芸訝異的反問家玲：「表姊，你眞的不想要小強了，表姊夫他同意你把小強送到我們這兒來養嗎？」

家玲只是一味的訴說著扶養小強的痛苦，博得了表妹的同情，但是沈芸表示，最近院裡的經費很困難，院長正在四處奔走張羅，想辦法度過難關，她把家玲引進育嬰室去看，一些比小強長得更畸形的兒童，在哭鬧喊叫著，僅有的一個保母，忙碌著無法分身，正在沖牛奶。

「表姊，你看，這些畸形兒，也都是父母不願養，丟給院裡來養，昨兒晚上，有一個男嬰，因爲病了，沒有足夠的經費送去醫院治療，就夭折死了，眞是怪可憐的！」

沈芸的話，並沒有改變家玲的初衷，她掏出五千元，交給表妹，要她先收下，等院長回來，務必懇求院長，看在自己人的份上，能收養小強。

「表妹，我是不得已，才這樣做的，你無論如何要幫我這個忙，好讓我放下一個重擔，透一口氣！」家玲看見小強睡著了就順手，把小強放在那張空了的小床上。

「表姊，你不再考慮了？」

「放在你這兒，我比較放心，過些日子，我會再送錢來給你們院長的，……我走了，再見。」

家玲如釋重負的，離開了孤兒院。

孰知，回到家後，小華聽說媽已把弟弟送給別人去養了，竟大哭起來。

「媽，我要小弟弟，爲什麼要把他送走呢？」

家玲怎麼哄她，她都不聽，打她最愛吃的果汁給她喝，她也不喝！吃晚飯的時候，她也愁眉深鎖，什麼好菜，也引不起她的食慾。

這一天，中強因爲出差到高雄去了，也沒有回家。

夜深了，她靜靜躺在床上，望著空了的小床，似乎有著一份沉重的失落感。

她想起，小強在孤兒院，發現媽媽不在身邊，會不會哭鬧不休。

她又想起，中強明天出差回來，知道小強已被送走，會不會跟她翻臉大鬧！

還有，她母親若是問起，她該怎麼說呢？

第二天，中強回來了，果不出所料，他火冒三丈的責問家玲：「你怎麼可以這樣做呢，你眞狠得下這個心！」

「長痛不如短痛，這有什麼不好！」

「不，媽媽我要弟弟回來，我不要他送走！」小華繼續哭鬧著。

「你看看，小華也不贊成你這樣做！」

「中強，忍耐一下，過一陣子，她就會把弟弟忘了的！」

「小華會忘，我忘不了，究竟你把小強送給誰了，我們一起去，把他要回來！」

家玲仍猶豫著，電話鈴響了，中強去接聽，是沈芸打來的：「表姊夫，你快來，小強哭了一天一夜，昏了過去，差一點命都沒了，現在我們在市立醫院給他急救，醫生說，他的心臟有阻塞的現象，馬上要動手術開刀，等著家屬來簽字呢！」

「什麼？小強在醫院裡，心臟病發作了？」家玲急得哭了起來。

「快走吧！……」中強抱起小華，衝出大門，坐在計程車上，他狠狠的對著家玲說：

「要是有什麼差錯，我就找你拚命。」

在疾駛中，家玲想起母親說過的話：

「在人生的跑道上，免不了會遭遇讓你挑上一些重擔，若是一旦遇上了，我們就勇敢的面對重擔，咬牙，把它挑起來！」

（發表於七十八年十月十七日台灣日報）

從〈中國人的德性〉談我國忠孝精神的發揚

一、

多年以前，我曾在一張報紙的副刊上，讀到一篇日本人寫的文章，它的題目是：〈中國人的德性〉。作者自承是一位久住在中國，且深愛中國的日本人，他以一個外國人的立場，先說出**中國人有列廿種的缺點**：

㈠中國人只有五分鐘熱度。

㈡中國人是自我主義者。

㈢中國人愛散漫式的自由。

㈣中國人缺少公德心。

㈤中國人缺少守法精神。

㈥中國人愛面子不切實際。
㈦中國人自掃門前雪，明哲保身。
㈧中國人好吃。
㈨中國人愛打麻將。
㈩中國人愛用舶來品。
⑪中國人似乎是陽奉陰違的能手。
⑫中國人的人情味，對待外國人特別重。
⑬中國人愛唱高調，不重實踐。
⑭中國人喜歡拍馬屁，戴高帽子。
⑮中國人喜歡紅色。
⑯中國人有媚外崇洋習性。
⑰中國人缺少國家觀念。
⑱中國人只要有財勢，就設法送子女到國外居留，而且喜歡入外國籍。
⑲中國人在國外學業有成，大多不回國服務。
⑳中國人做官有過失，從不引咎辭職。

這位日本人除了坦率的列出中國人的缺點，但是也列出了中國人的優點。他說：『中國人有以上的缺點，所以中國不會強；但中國人有下列的優點，中國不會亡。』他說中國人有下列的五項優點：

㈠中國人有孝道。

㈡中國人重道義。

㈢中國人重倫理。

㈣中國人有恕道。

㈤中國人有大量。

這一篇文章，對我的刺激很大，我將之收藏在剪貼簿裡，不時拿出來重讀一遍。我覺得這位日本人對中國人，眞是觀察入微，雖然並不是百分之百的正確，但深深値得中國人，爲之警惕自勉。

國父 孫中山先生，在民族主義第六講中說：『中國從前能夠達到很強盛的地位，不是一個原因做成的。大凡一個國家所以能夠強盛的原故，起初的時候，都是由於武力發展，繼之以種種文化的發揚，便能成功。但是要維持民族和國家的長久地位，還有道德問題，有了很好的道德，國家方能長治久安。』又說：『從前中國民族的道德，因爲比外國民族的道德高尚很多，所以在宋朝，第一次亡國給外來的蒙古人，後來蒙古人還是被中國人所同化。在明朝，第二次亡國給外來的滿州人，後來滿州人也被中國人同化了。因爲我們民族道德的高尙，故國家雖亡，民族還能夠存在，不但是自己的民族能夠存在，並且有力量能夠同化外來的民族。所以窮本極源，我們現在要恢復民族的地位，除了大家聯合起來，做成一個國族團體以外，就是要把固有的道德先恢復起來。有了固有的道德，然後固有的民族地位，才可以圖恢復。

國父要我們恢復民族固有道德，究竟是那些道德呢？

國父在民族主義中，清清楚楚的告訴我們說：『講到中國固有的道德，中國人至今不能忘記的，首是「忠孝」，次是「仁愛」，其次是「信義」，再其次是「和平」。這些舊道德，中國人至今還是常講的，但是現在受外來民族的壓迫，侵入了「新文化」，那些「新文化」的勢力，此刻橫行中國。一般醉心「新文化」的人，便排斥舊道德，以為有了「新文化」，便可以不要舊道德。不知道我國固有的東西，如果是好的，當然是要保存，不好的才可以放棄。』

國父明知灼見的指出：固有道德的次第是：『首是忠孝，次是仁愛，其次是信義，再其次是和平。』這一點非常重要，要求和平，必先講信義，要講信義，必先能仁愛，要能仁愛，必先盡忠孝，不能盡忠孝，一切都是空談。

古人所謂：『不敬其親而敬他人者，謂之悖禮；不愛其貌而愛他人者，謂之悖德。』『其所厚者薄，而其所薄者厚，未之有也』也就是這個道理。

談到這裡，我們可以明瞭，要使我們中國強盛起來，就得先從『發揚忠孝精神』這點來做起才對。

二、

所謂『忠』：『說文』的解釋是：『盡心曰忠』，程明道說：『盡己之謂忠』，所以忠字，是盡己之心的意思，也就是盡心盡力爲國家、爲人群服務的意思。所謂『鞠躬盡瘁，死而後已』，先總統　蔣公說的『不成功，便成仁』，都是忠的表現。我們忠於國家、忠於家庭、忠於個人的職守，也都是忠的實踐。

在中華民國未成立以前，我國的政治，是帝王所統制，老百姓、官員盡忠的對象，是皇帝。民國成立後，已沒有了皇帝，有些人認爲『忠』失去了對象，就不需要『忠』了，這是中國人對『忠』迷惘的開始。

國父首先注意到這一危機，他說：『前幾天，我到鄉下，進了一所祠堂，看見廳堂右邊有一個『孝』字，左邊便一無所有，我想從前必定有一個『忠』字，所拆的痕跡還很新鮮。由此，便可見現在一般人民的思想，以爲到了民國，便可以不講「忠」，以爲從前講「忠」字，是對於「君」的，所謂「忠君」；現在沒有君主，「忠」字便可以不用，所以便把它拆除。這種理論，實在是誤解。因爲在國家之內，君主可以不要，「忠」字是不能不要的。我們做一件事，總要始終不諭，做到成功；如果做不成功，就是把性命犧牲掉，亦所不惜，這便是「忠」。所以古人講「忠」字，推到極點便是一死。我們在民國之內，照道理上說，還是要盡忠，不忠於君，要忠於國、忠於民，要爲四萬萬人去效忠，爲四萬萬人效忠，比較爲一個人效忠，自然要高尙得多，故「忠」字的好道德，還是要保存。』

民國廿六年，中日戰爭爆發後，全國的民衆，憬然醒悟國家之重要，個個誓死抗日，爲盡忠報國，貢獻出自己的生命與力量。孰知抗戰勝利後，共匪叛亂竊國，盤據整個大陸後，要行共產主義，要人人效忠『共產國際』，提倡所謂『工人無祖國』，共產主義比國家還重要，要大家『忠』於一種荒謬的『主義』，這是中國人對『忠』的第二度迷失。

經過了漫長卅多年的共產統治，共產主義並未能使中國臻於富強康樂，反而處處是貧窮落後，在大陸上年青的一代，如航行中迷失了舵，今後眞不知該何去何從，『忠』對他們來說，只是一個非解的名詞而已。

至於生活於台灣及海外的中國青年，緣於歐美科學的進步，物質文明的誘惑，產生了兩種極端：一種是喪失了國家觀念，認爲一切都是外國好，於是留學出國、入外國籍，誠如前文所引一位日本人的看法，在生活上愛用舶來品，對外國人人情味特別重，有媚外崇洋的習性，缺少國家觀念，只要有財勢，就設法送子女到國外居留，在國外學業有成，大多不回國服務，喜歡入外國籍。

另一種是受了狹窄鄉土觀念的影響，認爲既然可以有『兩個中國』，則何不促成『台灣獨立』，大搞『台獨』運動。

這種思想上的迷亂，就是因爲喪失了民族固有道德：『忠』，所造成的貽害。

今天，我們要使中國統一，能強盛，一定先要大家有一個『忠』於自己國家、自己人民的思想，有了思想，才能產生信仰與力量，否則，中國永遠不會強，就如那位日本人所說的。

三、

接著，我們再來談『孝』：

說到『孝』，和『忠』原是相連不可分的。俗語說：『求忠臣於孝子之門』，就是這個意思。

所謂『孝』；本來就是指對家人父母而言的。論語說：『君子務本，本立而道生，孝弟也者，其爲人之本興。』孟子說：『世俗所謂不孝者五：情其四支，不顧父母之養，一不孝也；博奕，好飲酒，不顧父母之養，二不孝也，從耳目之欲，不顧父母之責，三不孝也，從耳目之欲，以爲父母戮，四不孝也；好勇鬥狠，以危父母，五不孝也。』可知孝是善事父母；如擴而大之，如曾子所說：『居處不莊非孝，事君不忠非孝，蒞官不敬非孝，朋友不信非孝，戰陣無勇非孝。』其意義就更廣博了。

孝不僅在形式上要承歡膝下，而且須出於內心誠意。孔子說：『今之孝者，是謂所養，至於犬馬，皆能有養；不敬何以別乎？』此外，更須在一切行為上，不使父母貽羞，在國家社會上做一個健全的人，才是真孝全孝。

孝經云：『夫孝者，德之本，教之所之所由而生也。』三才章：『夫孝，天之經也，地之義也，民之行也。』

過去中國是農業社會，一向重視孝道。那位深切瞭解『中國人德性』的日本人也說中國人有孝道，所以中國不會亡。但近幾年來，我們因為不斷的進步，已由農業社會，進入了工業社會，由未開發國家，遇入了開發國家的境地。因為西方社會重視物質、現實的影響，一些知識份子，滿腦子崇洋思想的作祟，認為外國人不講究奉養父母，我們也大可不必，重視孝道，一般人對於『孝』的觀念，逐漸淡薄起來。

而統治大陸卅多年的共產黨徒，因奉行共產主義，反對孝道，在共產社會裡，父子要劃清界線，紅五類、黑五類若不劃清界線，則一輩子出不了頭，再如在鬥爭的場合，鼓勵兒子鬥爭老子，是所謂：『大義滅親』，丟得下感情的包袱的人民英雄，在這樣的薰導下，孝道可說已是蕩然無存，為了配合不孝，他們又喊出『造反有理』的口號，這真是大陸上莫大的悲哀。

大學上說：『善事父母者，始能修身齊家治國平天下。』青年守則亦強調：『忠勇為愛國之本，孝順爲齊家之本。』可見忠孝是不能分得。且忠不能丟，孝亦不能失， 國父在『三民主義』中說：『講到「孝」字，我們中國尤爲特長，比世界各國進步更多。孝經所講「孝」字，幾乎無所不包，無所不至，現在世界中最文明的國家，講到「孝字，還沒有像中國講到這麼完全，所以「孝」字更是不能不要的。國民在民國之內，要能把「忠孝」二字講到極點，國家便自然可以強盛。』

先總統 蔣公，是孝的力行者，今總統 經國先生，更是孝的光大者，假如人人都以他們爲榜樣，中國一定會強盛起來。

四、

如何才能發揚忠孝精神，我覺得這項工作，要從多方面來進行。

㈠家庭方面：每一個做父母的，要以具體的言行，作子女的榜樣，父母不愛國、不孝順，能要求其子女愛國、孝順嗎？這是不可能的，我們知道，身教重於言教，對於中國第二代的教育，其責任就在我們的身上，要發揚忠孝精神，必須人人先從本身做起。

㈡學校方面：不論是大學、中學、小學，甚至幼稚園，都要隨時隨地灌輸忠孝教育，現在的教育，往往年紀越小越懂得忠孝，中學生不如小學生愛國，大學生不如中學生愛國，一些留學出洋的大學生，學問越高，越不愛國，這眞是我們教育失敗的悲哀，希望教育當局，能注意及此，力圖補救。

㈢社會方面：不論文化團體，或是大衆傳播媒介，希望多予表揚忠孝的模範，以造成社會良好的風氣，尤其是文學、戲劇、音樂、美術等團體，更應鼓勵作家、音樂家、戲劇家、畫家，創作各種被發揚忠孝精神的作品，俾全國的國民，在這些藝術作品的影響下，體認出忠孝的重要，人人身體力行。

㈣政府方面：把忠孝兩項道德，向海外、敵後的迷失青年，作正確的導引，激發他們的良知，使他們認清目前民族的危機，進而號召中華兒女爲發揚忠孝精神而大團結，共同爲三民主義統一中國而努力。

發揚忠孝精神，號召全球的中國人，爲救我具有五千年悠久歷史的中國，共同努力，相信勝利的明天必然是屬於我們的。

（發表於民國七十年十二月十六日「今日亞洲半月刊」）

「長白山上」永不寂寞

長白山上的好兒郎，吃苦耐勞不怕冰霜。
伐木採蔘墾大荒（呀嗎）
老山林內打獵忙（呀嗎哼唉，嘿約，哼唉嘿約）
長白山的東鄰藏猛虎，長白山的北邊兒有惡狼。
風吹草低馳戰馬，萬眾一心鎗上鏜。
掃除妖孽，重建家邦，
掃除妖孽，重建家邦。

——王善為詞：「長白山上」

一、

「長白山上」這一齣戲，原是中國電視公司，為慶祝中華民國六十年的來臨，精心策劃製作的國語連續劇，當時，由我負責策劃製作，並聯合王生善、吳宗淇、蔣子安等四人擔任編劇，想不到事隔卅多年，一提起此劇，凡看過該電視劇的觀衆，無不記憶猶新，有不少人還會唱李中和作曲的「主題曲」。

該劇播出後，獲當年金鐘獎最佳電視劇獎，四位編劇也因此劇榮獲文藝界知名的「中山文藝獎」，正中書局更不惜工本將全劇劇本付印出版了上、下兩大巨册的單行本，惜現已絕版。

長白山的故事是發生在寒帶氣候的東北地區，而台灣是亞熱帶地區，因此演員的服裝、道具、佈景、對話、生活習作、內涵均不相同，這也是這齣戲考據周詳成功的關鍵，也可以說是該劇成功突出的主要因素。

相隔了卅多年，編劇王生善、吳宗淇均已仙逝。如今王老師的嫡傳弟子劉華女士，要在九十三年十二月十四日台北中山堂中正廳再次在舞台上演出此劇，在可樂果劇團演出特刊上，劉華要我寫些東西，向觀衆致意，是我十分高興的一件事，因爲我的一生中，製作策劃了不少電視連續劇，而「長白山上」是我最難忘，也樂於向人津津樂道的一齣「好戲」。

二、

「長白山上」電視劇演出後，大家對於它難以忘懷，特請王生善教授，擷取其中精華，改編成「舞台劇」。

「長白山上」的劇照

舞台劇完成後，一些劇團爭相演出，商務印書館特出版了單行本。

記得很多年以前，菲律賓有一個叫「蘇子」的僑領，最喜愛此劇。他是一個戲迷，他樂於演出其中「金大鬍子」一角，以過戲癮，他爲在台北演出此戲，專誠自費自菲律賓搭機回來台北排練，前後一兩個月，樂此不疲。

這以後，在高雄有一劇團製作人——邵玉珍教授，也熱愛此劇。民國六十九年策劃，在高雄演出此劇，請我自台北搭機去高雄觀賞公演。在台北更有人在「國立藝術館」演出此劇，一共演出多少次，我已記不清了。

我曾說過一句話：「好戲，是永遠不會寂寞的」，「長白山上」九十三年，又將在台北中山堂與大家見面。我希望年輕朋友都去看戲，讓它永遠薪傳下去。

93·12·14青年副刊

「長白山上」舞台劇導演的話

劉華

『長白山上』這齣國語連續劇於民國六十年間，在中國電視公司連播了七十一集，由王生善（已歿）、吳宗淇（已歿）、姜龍昭、蔣子安四位名編劇家集體創作，由於編導的傑出、情節的緊湊、演員的優秀、角色的生動，在當時造成了空前的轟動，即使經過了三十三個秋冬，至今仍讓當年欣賞過的觀衆們，記憶猶新的緬懷不已……。

記得王生善老師生前不只一次的表示過，想把『長白山上』重新編寫組合，再搬上螢光幕及舞台，遺憾的是現在『長白山上』終於搬上了舞台，卻是爲了追悼他逝世兩週年的紀念演出了！

劉華

問起爲什麼紀念王老師，演出他的經典之作，會由我們「大可樂劇團」來完成這個殊榮呢？！

因爲王老師多年以來是我們劇團的藝術總監，非常地支持及關懷我們，所以今年的年度公演大家一致同意要向高難度挑戰，公演『長白山上』舞台劇，來完成王老師生前未了之遺願，加上我與王老師（Like father Like daughter）四十年之深厚師生情誼，能在不到兩年之間，連續執導了王老師『秀姑』及『長白山上』兩齣膾炙人口的作品，這不也是一種難得的緣份嗎?!其實王老師生前任課過的學校或他的至友及學生們如果有意願也都有機會去做這件事的啊！

接著特別要感激的是協辦的電視台和學校：

中國電視公司的江奉琪總經理、節目部經理宋裕民、副理賴福來、製播中心的副主任楊紀迪小姐、服裝組的劉君玉小姐，都非常熱心地提供全部演員的戲服及大小道具，並開放一天租金數萬元的第六攝影棚供我們拍攝劇照。

華視的江霞總經理，我們是少女時代的老朋友了，她一口允諾爲我們的演出全程的錄影。

國立台灣藝術大學戲劇系朱之祥主任、文化大學戲劇系徐亞湘主任、華岡藝術學校丁永慶校長、華岡藝術學校戲劇科李滿臣主任，都欣然同意的參與了幕前幕後的許多工作，爲王老師的紀念公演盡一份心意，特別值得提上一筆的是，這次協助大可樂果劇團演出的，都是文大戲劇系一年級的新鮮人，毫無舞台經驗，所以在排練時狀況百出，反而大可樂果劇團資深演員們主動在旁細心地教導他們，該如何走地位才不背台、怎麼做反應及表情，形成了一幅溫馨有趣的畫面，再一次地證明了大可樂果劇團的成員們，經過了多年的培植訓練，終於進步的可以指導新人了。

至於舞台技術方面都是合作多年的老搭檔，像舞台設計的劉惠華、燈光設計的楊一林、音樂音效設計的王學彥、舞監趙中澄、李世平，感謝有你們的專業合作，我才能在舞台上有不斷揮洒的空間。

最後一定要特別說明的，雖然今年仍有文建會及文化局的經費補助，但實在是杯水車薪，幸好有台北市社會局公益彩券基金，財團法人台北銀行慈善基金會的及時雪中送炭，讓演出的窘境減輕不少；再加上原來協助排練的文大四年級學生，十二月學校有演出，與可樂果劇團公演撞期，不得不另找新入學的一年級新生參與排練，可樂果劇團老演員像母雞帶著小雞一般地，帶著文大戲劇系一年級的新鮮人，要演出一齣角色繁重、五幕八場的大戲，的確是項艱巨的任務！

但願我們全體演職員以愛心及毅力、汗水及淚水交織而成的成果，今晚呈現在各位的眼前，虛心誠意地接受大家的批評與指教！

親愛的王老師，今晚您會來嗎？！我們爲您預留了您的座席！

P.S Dear 申老師（學庸）也在此向您致上最高的謝意，這次中山堂中正廳的場租補助費用，是您向文化局廖咸浩局長爭取到的，申老師！請接受我們給您的一個大大的擁抱——好愛您噢!!——

朋友們！別忘了您鼓勵的掌聲好嗎!?

王生善教授

「長白山上」的俏皮話

顧乃春

九十二年二月四日王生善教授遽然仙逝，聞者不禁稱憾，劇壇繼李曼瑰、姚一葦、鄧綏寧等之後又失去一位大師級人物。當時「王教授治喪委員會」擬訂了很多紀念計劃，最重要的是希望年年都能有王教授的遺作搬演。令人高興的係劉華導演率先於九十二年三月廿一日指導基隆培德家職的同學在基隆文化中心演出王教授遺作〈秀姑〉，極有其意義。

顧乃春

「王生善教授是一位傑出的戲劇家，能編、能導，屬於全才型的戲劇藝術工作者，在我國現代話劇史上是一位難得的奇才，他的成就與貢獻有目共睹」，這是筆者當時〈秀姑〉的演出爲文時對王教授之推崇。（請見培德演出特刊「〈秀姑〉作者王生善教授的遺風與典範」一文）王教授之能編、能導，可從其劇作及導演之成就窺之，他的劇作，橫跨了舞台、電視、電影三大領域，舞台劇如〈魔劫〉（五十一年）、〈碧血青年〉（五十五年）、〈春暉普照〉（五十八年）、〈馬家寨〉（六〇年）、〈秀姑〉（六十一年）、〈中國人〉（六十二年）、〈長白山上〉（六十三年）等，電視劇有〈梁教授的故事〉（六〇年）、〈長白山上〉（六十一年）、〈龍潭虎穴〉（六十一年）、〈台北·上海·重慶〉（六〇年）、〈美哉中華〉（六十一年）等二十多部（上列年份均係以出版年爲準），上演或播出均造成轟動。而他導演作品多矣，就以英國莎士比亞劇本他就導了〈仲夏夜之夢〉（五十五年）、〈李爾王〉（五十六年）、〈凱薩大帝〉（五十七年）、〈威尼斯商人〉（五十八年）、〈奧塞羅〉（五十九年）、〈哈姆雷特〉（六〇年）、〈馬克白〉（六十一年）、〈考利歐雷諾斯〉（六十二年）、〈安東尼與可麗歐佩區拉〉（64年）、（資料採引自彭鏡禧譯註〈哈姆雷特〉P7）。這麼多莎劇作品被王教授導演演出，台灣或華人地區恐無人能出其右，不愧大家都稱王教授爲「莎劇導演權威」。

王教授辭世已近二年，有心的劉華導演，再一次選擇王教授之遺作〈長白山上〉在中山堂演出，一方面爲了「大可樂果劇團」年度公演，再方面也是爲了配合追念王教授逝世二週年活動，藉此表達尊敬之意並能讓觀衆欣賞到王教授戲劇藝術才華。

〈長白山上〉原爲電視劇，於六十年初在中視播出，計播七十一集，其中十一至十六集、三十六至四十三集均出自王教授之手，後於六十二年王教授以其「勇闖虎穴」、「九死一生」、「暗地行事」、「以德報怨」、「出爾反爾」、「金石爲開」、「放下屠刀」等各集予以整合爲現今之舞台劇〈長白山上〉，由商務印書館於六十三年七月出版。

該劇是一齣「寓教於藝」的劇作，以佟家屯仁義感召爲經，五虎幫改邪歸正爲緯，展開了劇力萬鈞的鋪陳，透過話劇的結構呈現了仁義爲懷、改邪歸正的主旨。自古以來，劇作者沒有不希望劇本能傳達思想或教育的意涵，西方戲劇是如此，東方戲劇更是如此。然而這些思想與教育意涵，是抽象概念，需要假情節、人物、語言等藝術手法予以呈現。

〈長白山上〉第一幕設定了必要的情境，佟家屯即將遭五虎幫洗劫，陷入一片愁雲，受恩於佟家的敖天龍即時出面欲化解災難。第二幕敖天龍赴五虎幫窠穴以膽識折服了五虎幫老大金大鬍子，但不爲老二獨眼龍及老三白寡婦認同，增加難解的疑慮。第三幕賀家堡遭老二、老三洗劫，擄走了鳳姑，使情節有了新的變化。第四幕五虎幫老五黑妞亦爲敖天龍所擄，佟家堡主佟漢成與敖天龍爲了化干戈爲玉帛，釋出善意放了黑妞並邀宴五虎幫曉以大義改邪歸正。第五幕意見分歧的五虎幫終於接受善意願放下屠刀回到正常人生，務農開墾爲業。

上述劇情係經過王教授精心所設計的，從必要情境的設定，引發危機，期待化解厄運到問題複雜面的增加，劇情步步緊張，及至問題之化解，主題亦隨之浮現，深諳戲劇編劇技巧的王教授讓他的劇作永遠具可看性，與西方戲劇大家善用「佳構劇」技巧同出一轍。但尤有進者，因王教授精於導演藝術知道如何營造「感傷場面」，是故在「放下屠刀」那一幕情節場面就特別令人動容。

〈長白山上〉的人物塑造也極爲成功，以某一種「典型」爲模式，如佟漢成之磊落、忠厚、仁義，賀慶山之奸詐，敖天龍之英勇、膽識過人，金大鬍子粗獷重義，獨眼龍之兇狠，白寡婦狂野，黑妞的刁悍等，這些人物無不入木三分。王教授透過語言及人物在劇中之「行動」來顯示，刻畫得相當鮮活。

王教授在本劇中用了不少的「俚語」、「俏皮話」等，如原劇本各頁中有：

一個勁兒的肉包子打狗，你還好意思給我開口呢？

喲！誰不知道大嫂是張飛賣刺蝟，人強貨扎手。

三當家，砍掉腦袋，不過結個碗大的疤。

你爲什麼不找棵歪脖樹把自己掛上？

你是耗子舔貓的鼻樑骨，你想死呀！

見風要轉舵，見好就得收。

這好比從老虎嘴裡拔牙，去一個還不是送一個！

你就是鐵打的身子，老子也要把你折騰成漿糊。

少他媽的貓哭耗子假慈悲了！

有恩不報非君子，負情忘義是小人。

別他媽的狗肉上不了正席！

陰天打孩子，閒著也是閒著。

這些語言均饒有趣味，諸多隱含了言外之意話中有話意味，益使劇本演出趣味橫生。此次劉華導演以最忱摯的心情來處理〈長白山上〉，不管演出效果如何，她又做出一件最有意義的工作，冀望觀衆給「大可樂果劇團」的喝采，也給劉華導演掌聲。

奇怪的客人（廣播劇）

姜龍昭

中廣七十四年九月八日播出，尹傳興導播

人：爺　爺—名阿祥，六十五歲已退休之老人，有善心　（爺）
（有部份年青時聲音）
胡景華—爺爺的兒子，四十歲，生意人　（父）
靜　芝—爺爺的媳婦，卅八歲　（母）
胡德明—廿歲，爺爺的孫子　（明）
胡小蜜—十五歲，爺爺的孫女　（蜜）
趙添旺—卅餘歲，神經失常的陌生客　（旺）
趙仲欽—添旺的父親，六十餘歲，有部份年青時聲音　（仲）

（音樂）

（劇名，演職員報幕）

父：啊，……這麼大的蛋糕，……今天是誰的生日啊？

母：今天，是爸爸的生日，……怎麼，你忘了？……

父：對，對，……我沒忘！……爸爸，他人呢？……

母：他下午就出去散步去了，……奇怪，這時候，也該回家了，……大家都等他回來吃飯呢！

蜜：媽，……我肚子快餓扁了，還要等多久才開飯嗎！

母：再等一回兒，……今天是爺爺的生日，……我們總得等爺爺回來以後，才能開飯啊！……

父：小蜜，……你去門口瞧瞧去！……對了！靜芝，你看爸爸會不會去廟裡「放生」去了，……每年過生日，他都要去「放生」的，說是多做善事，就有善報！……

母：就是去廟裡「放生」，……也該記得回來吃飯啊！……爲了替他過生日，……我今天可特地燒了不少的菜，……都是他喜歡吃的！……

父：德明呢？……還沒放學啊！……

母：早回來了，……在他房裡玩電腦呢！……

父：這孩子，……都給電腦迷住了！……

蜜：（自外邊跑邊叫上）爺爺，……爺爺回來了！……

母：（向內叫著）德明啊，……快出來吃飯吧，爺爺回來了！
明：是，媽！……
蜜：媽，……爺爺，……帶了個好「奇怪的客人」回來了……穿的衣裳，又髒又臭，滿臉的鬍子，一頭的亂髮，還戴了副眼鏡，背了個旅行袋，……
母：哦，……是嗎？……以前，有沒有到我們家來過？
蜜：沒有，我從來也沒見過！……
父：（訝異）啊？……不像是爸的朋友，像是個流浪漢，……爸怎麼會認識的一個人！……眞是個「奇怪的客人」。
△音樂短暫劃過。
爺：（邊走邊對旺說）……你不用害怕，……我家快到了，……他們不會欺侮你的，……你肚子餓了吧，……正好，到我家一起吃晚飯，……不用客氣！……
旺：（低聲的怪笑）嘻……嘻……哈……
△腳步聲走近
爺：景華，……我帶了個朋友回來，……你不會大驚小怪吧！……
母：爸，你到那兒去了？今天是你的生日，我們正等你回來一起吃飯呢？
爺：我知道！……

蜜：爺爺，他是誰啊？……
爺：等一下，我再告訴你，……德明啊，……你幫爺爺做件事，好不好？
明：爺爺，你要我做什麼事？
爺：看樣子，……他已經很久沒洗澡了，……身上有股怪味，……你去放洗澡水，幫他好好洗個澡，換套乾淨的衣服，……再陪他一起來吃晚飯！……
旺：（表示拒絕的意思）唔……唔……不……要！……
爺：（哄小孩似的）不要怕，……你去洗就是了，……德明，……快去啊……
明：是，爺爺。
（腳步拉扯聲離去）
父：爸爸，……你怎麼把這樣的客人，帶到家裡來呢？你要做好事，……讓靜芝，包一些吃的，讓他帶走，不就得了！……我看他，……不僅是個窮要飯的，……還可能是白痴、瘋子，都說不定，……
爺：你聽我說，昨天，我去市場買蘋果的時候，就看見他了，他向水果攤的老闆，要爛了的水果吃，我好心給了他兩個蘋果，他高興的直笑，……向我一再表示謝意！……讓我也覺得挺高興的！……
父：爸，你給他蘋果，我不反對，……何必，把他領回家裡來呢？……這不是惹麻煩上門嗎？……

爺：他住在一棟空屋的地下室裡，不知怎麼給警察發現了，要帶他去派出所，……好多路人圍著他，說他是小偷，最近丟的東西，都是他偷的，要揍他，……說他既然沒有錢，怎麼旅行袋裡，還會有兩隻蘋果，……正巧我經過我跟警察說，那兩隻蘋果，是我送給他的，……我看他不像是壞人，……所以就把他帶回來了！……

母：爸！……你打算，……讓他暫時住我們家？……

爺：嗯！……好人，要做就做到底嘛！……景華，……你說，是不是？……做好事，會有好報的！

父：爸，……今天是你的生日，……我祝你生日快樂！

蜜：爺爺，……我肚子好餓，……我們去吃飯，好不好？

爺：等那個客人洗好了澡，我們一起吃！……小蜜，……你等不及，……我們就先吃蛋糕，……好不好？

蜜：好，……我來點蠟燭！……

父：靜芝，……我們給爸爸唱生日快樂歌！……

（父、母、蜜合唱：「祝你生日快樂……」）

爺：（向內叫）德明，……快一點，……我們先吃蛋糕了！

（音樂）

明：爺爺你回來啦？……你帶他去醫院，檢查的結果，醫生怎麼說，……是不是說他有「神經病」？

爺：醫生說，他只是精神受了刺激，有些精神分裂的症狀，並不是「神經病」，……只要好好的調養，可以慢慢的復原，……若是繼續受刺激的話，……就很可能會變成精神病了！……

明：爺爺，精神病，是不就是神經病？……

爺：醫生說，神經病是精神病的邊緣症，每個人，或多或少，有時都會突然發生「歇斯底里」，或是自言自語，……若不傷害到他，……是無所謂的……醫生要我們，把他當做平常人一樣的看待，多陪他運動、散步，……或是畫畫、聽音樂，……過一般平靜的日子，……讓他忘了過去，……他就正常變好了。什麼病都沒有了！……

蜜：爺爺，……你看，我畫的，……像不像你？

爺：（看後才說）啊，……畫得眞好，……小蜜，……你教他畫畫，好不好？……他說他很喜歡畫畫的！

蜜：好呀！……

爺：添旺，……跟小蜜去畫畫好嗎？……

旺：（傻笑）嘻……嘻……好，……我要畫畫……
（腳步聲離去）

明：爺爺，你叫他添旺，……他的名字叫添旺？

爺：他姓趙，……趙錢孫李的趙，添是增添的添，旺是旺盛的旺，……本來，我也不知道他的名字，問他，他就是不肯說，再不就是傻笑，……後來，我在他的旅行袋裡找到一本書，書裡夾了一張舊名片，名片上有趙添旺三個字，我問他，趙添旺是不是他？……想不到，他竟然點點頭，笑了！……

明：爺爺，那本書一定也是他的了？……

爺：嗯！

明：那本很厚的書，書名叫什麼：「身心交戰的心理分析」，他會看得懂嗎？……是精神科的專用書吶！

爺：也許是醫生要他看的，也說不定。……德明，……你是學新聞的，……爺爺，想託你一件事，不知道，你能不能辦得成？

明：爺爺，……什麼事？……

爺：喏，……你看這張名片，……上面有地址，……你是不是可以幫爺爺去查一查？……添旺的公司，還有沒有在營業？他家裡，有些什麼人？住在什麼地方？

明：（唸名片上頭銜）什麼？趙添旺，他還是百利企業有限公司的經理？……他會是經理？……眞讓我想不到！

爺：德明，……我在想，也許他家裡的人，正在到處找他呢？……既然，我讓他住在這裡，我們總該和他家裡的人聯絡一下，讓他們知道才對。……

明：爺爺，……星期天，不上課，我去跑一趟，打聽一下。

（音樂）

父：眞是的，……做好事也不是這樣做法，……把一個陌生的神經病，養在家裡，給他吃、住不說，還得負擔他的醫藥費，……這算什麼嗎？……好像我做生意賺來的錢，……花不完似的！……

母：哎呀，……你就不能再忍耐一下，……這幾天，我看他好像已經逐漸在恢復正常，……不像剛來的那一兩天，就知道傻笑！……什麼話都不會說！……

父：你還說他在恢復正常？……昨天，公司裡小王打電話到家裡來找我，不知怎麼的，讓他去接了電話，……直跟小王說，希望能借兩百萬頭寸給他週轉一下，千萬別把支票軋進去，他可以把房子去設定抵押，至多十天，一定本利奉還，……把小王聽得一頭霧水，不知我家裡發生了什麼事？

母：哦！……他怎麼會說這樣的話？

父：爸爸說他是什麼企業公司的經理，……我看準是公司倒閉了，……他才發神經的，……我眞擔心，萬一他的債主找上門來，那麻煩可就大了！

母：嗯，……你這一說，……我看眞有點像，……那怎麼辦呢？……趕他走，……爸爸會生氣的！……

父：靜芝，最近，我們公司吃了一筆倒帳，你也許還不知道，吃進了一張空頭支票！六十五萬！……

母：六十五萬？……是誰開的票子？黃老闆？人呢？

父：人跑了，躲起來了……我看，都是這位神經病給我們帶來的霉運！……唉！……我眞恨不得馬上把他趕走，……

母：景華，……你別難過，……我來跟爸爸說，……最多，我們給他一點錢走路，……他跟我們非親非故，……總不能讓我們養他一輩子吧！

父：（嘆氣）……唉！……眞是，人倒霉的時候，……什麼怪事，……都會找上門來。

（電話鈴響）

母：（聽電話）喂，……哦，……小王，什麼事？……景華，是公司小王打來的！……

父：（聽電話）喂，……小王，什麼？……大發公司跳票？……好，我馬上就來！（掛上電話）……

母：怎麼？又是跳票？……小王怎麼說？……

父：我去公司一下，……回來，再告訴你！……

（腳步聲離去）

（音樂過場）

蜜：爺爺，……你快來看，叔叔畫了兩個小孩，在打羽毛球，小孩好可愛啊，臉就像蘋果一樣！

爺：小蜜，拿來讓我看看！……添旺，……這是你畫的？

旺：（傻笑）嘻……嘻……是我畫的，……

蜜：爺爺，你看，草地上一朵玫瑰花，好漂亮喔，草地上長了許多小蘋果，……叔叔亂畫，草地上怎麼會長蘋果，……眞笑死人了，蘋果還有眼睛嘴巴，……有的在哭，有的在笑！……

爺：嗯，畫得好，……眞是畫得太棒了！……添旺……好，……好極了！（高興的笑了）哈……哈……

蜜：爺爺，瞧你這麼高興！……

爺：爺爺眞的很高興，……叔叔的病，眞快好了，明天，我一定把這畫拿給醫生去看！

旺：我……好了？……要是沒有那些支票，……我……就眞的好了！……

爺：添旺，……你在說什麼？……

蜜：爺爺，叔叔以前畫的那些人，面孔都很可怕，有的塗上紅色，有些塗上青色，……

像鬼一樣！……

母：爸，……小蜜，……來吃點心啊……

蜜：啊，……咖哩飯！……叔叔，你也吃！

旺：（傻笑）嘻……我……吃……

母：爸，……你……來一下，我有話和你說。……

（腳步聲離開，開門聲）

爺：靜芝，……什麼事？……

母：爸，……景華，最近公司的生意，很不順，……吃了一筆倒賬，賠了不少錢，……

爺：哦！……

母：他心情不好，……就老拿我出氣！……我眞受不了。……

爺：他怎麼欺負你了？你說，……

母：他怪東怪西的，說我不該同意留那個陌生客在我們家住下，……完全是他給我們家

帶來了霉運！……

爺：他是怪添旺？……

母：爸，……我們留他住了快一個月了，……也該請他走了，總不能讓他在我們家住一輩子吧！……他要是眞的沒地方去！……我們可以給他一筆錢！……

爺：你是想趕他走？

母：爸，……你不同意？……

爺：對，我不同意！……

母：爲什麼呢？……

爺：靜芝，……那一天，我把添旺帶回家來，我就在想……他會不會是仲欽的兒子，……他的眼睛、鼻子，……長得眞是跟仲欽太像了，……眞像是一個模子刻出來似的！

母：爸，……仲欽是誰？……怎麼沒聽你提起過？

爺：仲欽，是我年青時候，最要好的一個朋友，從小，我和他在村子裡一起長大，讀書，遊戲，我們都在一起，……有一年夏天，我們去玩水，我不小心，捲進了一個游渦，差一點淹死，……都虧他冒險跳進去，把我救了出來，……

母：噢，……那他是爸的救命恩人了！

爺：我父母死得早，年輕的時候，環境很不好，叔叔把我送去一家當舖做學徒，當舖的老闆，兇的跟閻王一樣，經常打我罵我，有一天，我小心，打破了一個古董花瓶，他用燒紅的火鉗來燙我，……我實在恨不過，就準備放火把當舖燒個精光，……這件事，讓仲欽知道了，他帶我去城隍廟，看那兒的十殿閻羅，說人若做了壞事，將來，就會下地獄，……應該多做善事，才能結善果，有善報。……

母：爸，……仲欽怎麼會知道這些的？……他不和你一樣大嗎？……

爺：是仲欽的父親和他說的，……仲欽只比我大三個月，但是他懂的事，比我多太多了！

（略停）……自從添旺來了以後，我幾乎天天都在想著他！……

母：爸，……那仲欽伯，現在在那裡呢？……你怎麼不去找他呢？

爺：算起來，我們分開都廿多年了，啊，快卅年了，那時候，他做生意失敗，經濟情況很不好，我就常接濟他，幫忙他，在市場擺個小麵攤，因爲家裡人口多，收入不夠開支，他又個性強，不願老接受幫助，就說要到別的地方去闖天下，一走，就再也沒有了他的消息！……

母：爸，……仲欽伯，是不是也姓趙？……

爺：對，……他姓趙，……他的小名叫阿財！……我眞希望添旺就是仲欽的兒子，……這樣就可讓我再見到仲欽！……

母：爸，……也許，……添旺眞是仲欽的兒子，……

爺：眞是這樣，那我眞太高興了。……

（音樂過場）

明：爺爺，——

爺：德明，什麼事？……大喊大叫的，……爺爺正在釣魚，你別把魚嚇跑了！

明：爺爺，你不是要我去查添旺的那家企業公司嗎？

爺：是呀，你查到了？

明：那家公司早就關門大吉了，……頂讓了別人，換了別的招牌，……還欠了不少的債哩！

爺：啊！你是怎麼知道的？

明：是派出所的警官告訴我的，……爺爺，我還打聽到添旺家裡的住址，到他家裡去了一趟！……結果門上貼了兩張法院的大封條，屋子裏一個人也沒有。……

爺：都到那兒去了呢？

明：隔壁的鄰居告訴我說，添旺的太太是票據通緝犯，帶了兩個孩子，不知躲到那兒去了！

爺：他的父親、母親呢？

明：住在那兒也沒有人知道。我看見後門那把鎖被人敲壞了，就走進去看了一下，啊，地上都是些碎玻璃，屋子裡值錢的東西，都被搬光了，不值錢的，被打得稀爛！……

爺：這些討債的也眞是，搬東西就搬吧，何必打得稀爛呢？……這種心理，眞要不得。

明：我在地上，撿到一個鏡框，玻璃打破了，裡面的照片還在，……我把他帶回來了。

爺：德明，……快把照片拿來讓我仔細看看？

明：這張照片，好像是添旺的全家福，……這上面兩個小孩，多活潑可愛，……現在不曉得變成怎樣了？

爺：嗯，……這是添旺，……怎麼沒看見添旺的母親，……

明：可能已經過世了！……

爺：這……是仲欽？……（懷疑的口氣）……添旺的父親？……德明，……你……快回家，把我的老花眼鏡拿來，……我的眼睛看不太清楚！……

明：爺爺，……你怎麼啦？……

爺：他應該是仲欽，……可是仲欽是個胖子，……怎麼會瘦成這個樣子！……德明，……你快去拿眼鏡呀！……怎麼還楞在這兒不走呢！

明：爺爺，……你認識添旺的父親？……

爺：他是我……最好的朋友，……對，……一定是仲欽，……快卅年不見了，……他是該老了，……我要去找他，……我一定要把他找到！……

明：爺爺，……你不釣魚了？……

爺：德明，……你有沒有問鄰居，添旺他父親，現在在什麼地方？

明：那個歐巴桑說，好像是躲在一個廟裡？……

爺：什麼廟？……在什麼地方的廟？

明：她……吞吞吐吐的不肯說。

爺：為什麼不肯說？

明：她以為我……也是債主。

爺：德明，你不會跟她說，我們不是債主，……他的兒子添旺，現在住在我們家裡！

明：我跟她說了，……可是，……她……還是不肯相信！

爺：為什麼呢？

明：她……說，……讓她先去探探那位老人家的意見再說。……我走的時候，留下了我們家的地址，和電話號碼給她，……要她一有消息，隨時跟我們聯絡！……

爺：哦，……也好，……我想，仲欽，……他會來和我聯絡的！……

明：爺爺，……這件事，要不要先和添旺，說一說？……

爺：暫時不要和他說，……我擔心他一受刺激，心理又不正常起來，……那就弄巧成拙了！……

（音樂）

爺：（打著酒嗝……）仲欽，……這照片上眞的就是你嗎？……快卅年不見了，怎麼，你會老成這樣，頭髮都掉光了呢？……（又打嗝）眞是你的話，我們又可以見面了，……我們又可以在一起喝酒，猜拳，唱山歌了！……（哼唱起來）

（敲門聲）

爺：誰呀？……（開門聲）

母：爸，……你今天喝了不少酒，……我特地給你泡了一杯濃茶，……可以解酒！

爺：好，……謝謝你。……景華呢？

母：又出去辦事去了！

爺：靜芝呀，……你要勸勸他，……別只顧著賺錢，身體要緊，……做善事更要緊！

母：我知道，……爸，你早點休息，我走了！……

（關門聲）

（喝茶聲）

爺：嗯，……眞是好茶，……（回憶往事）大概就像是人家說的，人的年歲越大，越常容易想起兒時的故友舊事！仲欽，……記得有一次爲了我不肯去學牙醫，……我們曾狠狠的吵了一架……

（回憶的音樂升起）

（以下爺爺與仲欽均年輕時廿歲上下的聲音出現）

（一群人在吆喝叫著：「阿祥輸了！」）

仲：阿祥，……別再劈甘蔗了，……跟我走吧！

爺：仲欽，別拉我，……我非跟黑狗再賭一次，……我就不相信我還會輸給他！

仲：阿祥，……你走不走？……你不走，我可要生氣了，……年紀不小了，整天和人劈甘蔗，賭輸贏，……你這樣，將來還能有什麼出息！

爺：你又不是我爺，……要你管?!

仲：阿祥，你眞的不走？

爺：走？……走那兒去？

仲：回到牙醫那兒去，……好好的學一套本事！

爺：不去！（大聲叫）不去，不去，你聽見了沒有？

仲：你不去？……好！

（「拍」一聲耳光）

爺：你打我?!你憑什麼打我！……我阿祥可不是好欺負的！

（一陣拳打腳踢聲）

（仲欽不回手）

爺：怎麼？……你可以回手呀！不敢回手啦?!

仲：笑話！……我趙仲欽，不屑揍你，……揍你，弄髒了我的手！……我犯不上。

爺：哦！……你以爲從小到大，幫了我不少忙，你很了不起，我非得處處聽你的？呸！……我阿祥，可不吃這一套！……

（沉默）

爺：咦！……你怎麼不說話了？……

仲：（苦笑）哈……哈……

爺：你笑，有什麼好笑的！……

仲：（由苦笑而大笑）哈……哈……哈……

爺：我不准你笑！……

仲：我笑你……眞傻！……分不清黑白！……認不清好壞！……我能不笑嗎！……

爺：（痛苦的喝止）……好了，夠了！……我受不了了。……

仲：那……（變成平和的口氣）……你聽我的話，……回牙科診所去，乖乖的學本事！……將來，可以做一個牙科醫生！……

爺：我不去！

仲：阿祥，……你有沒有爲你的將來想一想！自從被當舖老闆趕出來以後，……你在那裡好好的呆過，……整天東混混，西蕩蕩。難道，你一輩子就這樣過下去了嗎？

……

爺：我……受不了……

仲：有什麼受不了的，男子漢大丈夫，爲什麼不能忍耐！……

爺：仲欽，……說眞的，我不怕吃苦，也不怕做粗工，……但是，那個又矮又兇的牙醫生，……根本不把我當人看待！……說話從不給我留一點面子！（受盡委屈）

仲：好吧！……到那邊去找塊石頭坐下，我們心平氣和的，好好的談一談！……

△腳步聲走去。

爺：（略停）仲欽，……我想做生意，……像你一樣，開一個小吃店，自己當老闆，可以不受人的氣！……

仲：你以爲做生意就可以不受人的氣？……我告訴你，……受的氣才多吶，每一個上門的客人，都可以給你氣受，……除了受的氣，有時候，還受地痞流氓的氣，……

爺：哦？……是嗎？

仲：做人做事……都是免不掉要受氣！能夠忍耐，受氣而不生氣，……這樣的人，將來才能成功，你懂不懂？

爺：受氣而不生氣，將來才能成功？……

仲：對了，……你要想通了，……就好了，……最多三年，當你學成了，就是牙醫了，我想辦法，讓出半間店面，給你開診所，好不好？……

爺：仲欽，……你還是勸我回去？……

仲：去牙醫診所當學徒，……有人想去，還不一定有這個機會呢！……你別再三心二意了。

爺：工作時間長，我可以忍耐，幫他打掃、捶背、泡茶，還有擦皮鞋，都是小事，……但是要替他們一家人洗衣服，包括他太太的內衣，小孩的尿布，我就是嚥不下這口氣！……堂堂男子漢，怎麼做女人的事，……

仲：阿祥，……這是磨鍊！……

爺：有一回，我把一副牙模弄錯了，那個矮冬瓜，當著客人的面，打我兩個巴掌，他不想想，我已經廿多歲了，……他要打，……也不該當人的面打呀？……

仲：你受的委屈，我明白，……想開點，別老記在心上，凡事要多忍耐！

△音樂換場

蜜：爺爺，爺爺——

爺：小蜜，……（恢復老年時的聲調）

蜜：爺爺，你昨天是不是喝醉了，很晚了不睡覺，一個人在房裡，有說有笑。

爺：爺爺沒有醉，……爺爺只是想起了年輕時和添旺他爸爸在一起的一些往事。……對了，小蜜，添旺呢？……到那兒去了？

蜜：他和哥哥，一起晨跑去了。

爺：啊，……他跑得怎麼樣？有沒有進步？

蜜：有，進步很多，起先，都是哥哥跑在他前面，現在，都是他跑在前面！……

爺：呣，……我看他，眞是快恢復正常了，……小蜜，你有沒有問他，想不想家？……想不想他的父親？……太太，和小孩？……

蜜：跟他說別的事情，……他都回答得清清楚楚的，……一問到他的家，他就不說話了！……再不就是……支票、銀行……不知他在說些什麼？……

爺：究竟，他是不是仲欽的兒子呢？……

蜜：爺爺，……我聽媽媽說，……他長得很像你過去的一個好朋友！你和他分開已經廿多年了，對不對？……

爺：對，……要不是仲欽，……我也不會和你奶奶結婚，……你奶奶名字叫阿珠。（略停）爺爺不結婚，……也就不會有你爸爸，（笑笑說）沒有你爸爸，也就沒有你了。

蜜：爺爺，……你告訴我，你和奶奶的故事給我聽，好嗎？

爺：（回憶著）那……是很多年以前的事了，……小蜜，……你眞想聽嗎？……

蜜：爺爺，……你說嘛！……要不要我先給你泡杯茶？

爺：不用了，……讓爺爺，先想一想，……慢慢的告訴你！

（回憶的音樂升起）

（縫衣機縫衣的聲音）

爺：你奶奶，阿珠是個很苦命的養女，從小就沒有父母，由養父帶大，送到一家洋裁店學手藝，……我和仲欽，很早就認識她，……她長得很美，梳兩條小辮子，……有一個酒渦，笑起來，眞迷人……爲了接近她，我和仲欽常去她店裡附近打轉。

（音樂過場）

（爺恢復年輕時的聲音）

仲：阿祥，……

爺：什麼事？仲欽？

仲：我們今天去約阿珠出來看電影，好不好？

爺：你喜歡她，你去約就是了！……何必拉我去！

仲：你不也很喜歡她嗎？……我一個人去約她，……恐怕她不會答應！

爺：好，我們一起去約她，……看完電影，再一起去吃冰，……電影你請客，吃冰我請客，這樣比較公平。

仲：好，一句話，……

爺：要是她不答應呢？

仲：那就看你的啦！……我看見女孩子，就舌頭打結，……什麼話都不會說了！

爺：好，……看我的，……希望她不要讓我們碰釘子，……才好！

（音樂過場）

爺：（老年人聲音）想不到阿珠很快的答應了我們的邀請，從此，有空的時候，我們三個人，就經常玩在一起，我和仲欽說好，……只准三個人在一起，誰也不准單獨和阿珠兩個人有約會，……有一天，夜已經很深了，仲欽突然敲門來找我！

（急促的敲門聲）

爺：誰呀？

仲：快開門，阿祥，是我。

（開門聲）

爺：仲欽，發生了什麼事？……這麼晚了，你還來找我！

仲：阿祥，……我告訴你一件事，……阿珠，……她養父要把她賣到酒家，去當酒女了！……

爺：爲什麼？

仲：阿珠的養父，喜歡賭錢，最近輸了不少，欠了一屁股的賭債！……債主逼得緊，要是他還不出錢，……就要打斷他一支胳臂，阿珠他養父，沒有辦法，就只好把阿珠給賣了，……除非……

爺：除非怎麼樣，你快說呀！

仲：除非我們可以拿出三千塊錢，替他還這筆債，才能把阿珠救出來！

爺：三千塊！天哪，誰拿得出那麼多錢呀！

仲：阿珠的養父，知道我們很喜歡阿珠，……就找人來跟我說，誰要能替他還這筆債，他就答應把阿珠嫁給他，……不過，只有三天的期限，過了期限，……阿珠就只有去做酒家女了！

爺：我怎麼拿得出這麼多錢，……仲欽，還是你想想辦法，……把阿珠救下，……你若是錢不夠，我可以幫忙想辦法湊一湊！你不挺喜歡阿珠的嗎？

仲：阿祥，你有多少？

爺：我最多只有一百五十塊！……

仲：那怎麼夠！……差太多了！……

爺：仲欽，……你有多少？

仲：我也只有五百塊不到！

爺：仲欽，我們分頭來想辦法！三天，三天之內，我們無論如何，要想辦法弄到三千塊錢，……把阿珠，從火坑裡救出來！

仲：好，……我們一起來想辦法！

（音樂過場）

爺：（老年人語氣）三天，這三天的日子，眞不好過，我厚著臉皮，去向人借錢，碰了不知多少釘子！最後向診所老闆，磕了頭，醫生才借我二個月的薪水，那時候，我還沒滿師，薪水很少，一個月只有六十塊……，我曾經想到去偷，去搶，……就是下不了手，……狠不下心……

△音樂短暫劃過。

仲：（奔跑聲，興奮的叫著）阿祥，……阿祥……

爺：（年青聲音）仲欽，……怎麼？……你弄到錢了？……

仲：你借到了多少？……

爺：只有四百三十七塊六毛，……你借到多少，……湊得滿三千塊嗎？……

仲：我已經有一千兩百多塊……

爺：這……還是不夠呀？加上我的，一千六百多塊，……就算阿珠她父親答應，那些債主也不會肯答應喲！

仲：阿祥，……你看，這是什麼？

（打開匣子聲，珠寶的聲音）

爺：這些首飾、金鐲、項鍊，是那兒弄來的？

仲：是我娘，出嫁時候，陪嫁的首飾，……娘說，可以值不少錢，……湊起來，一定超過三千塊！……絕對夠還債了！

爺：是你娘……給你的？……

仲：怎麼？你以爲我是去偷來的？……好了，……問題解決了，……我們快去吧，阿珠正在等我們，遲了，就來不及了！……

爺：好，我們走吧！

（腳步聲離去）

（音樂過場）

蜜：爺爺，……後來呢？

爺：我們終於把阿珠救了下來，……

蜜：爺爺，你的朋友，出的錢比你多，……怎麼後來，奶奶沒有嫁給他，反而嫁給了你呢？……

爺：本來，阿珠是要和仲欽結婚的，……那時候，新房的傢俱，也都是他買的，……我也忙著幫他佈置，……誰知，後來仲欽發現阿珠喜歡我，更甚於他，……再說我們三個人走在一起，仲欽比阿珠還矮一點，我卻比阿珠高一點，大家都說我跟阿珠比較配，……爲了讓阿珠幸福，……仲欽竟把阿珠讓給了我！……結婚的那天，他故意躲了起來，……連喜酒也沒來吃！……

蜜：爺爺，……你的朋友，對你眞好，……他眞了不起！

爺：是的，……他對我眞是太好了，我一輩子，也忘不了他，……

（音樂）

母：景華，怎麼？……你從花蓮回來啦？……

父：嗯！……

母：黃老闆找到了嗎？……

父：人是找到了，……可是，他說，他是眞的破產了，一個錢也沒有，我就是逼死他，也沒有用。

母：這麼說，他欠的六十五萬，就一文錢也要不回來了？

父：是呀！

母：他眞的是沒有錢？……還是故意這麼說的！

父：誰知道呢！……

母：你……打算怎麼辦？……認倒楣算了？……

父：六十五萬，……不是個小數目，我實在不甘心！

母：我也這麼想！……

父：靜芝，我想這樣——（細聲耳語了一陣）這樣去討回這筆錢，你看怎麼樣？

母：他們一定能討得到嗎？

父：他們說，一定可以討得到，……只是，討到了，他們要拿一半。……

母：分一半，就一半，總比一文錢也拿不到好喲！……

父：不過，這件事，最好別讓爸爸知道！

母：不讓爸爸知道，爲什麼？

父：他……不贊成這樣去討債！……

母：好，……我不告訴爸爸就是了！……

爺：（突然出現）景華，你們在說什麼不想讓我知道？

母：爸爸，……是有人欠了景華一筆錢不過—景華，……想找專門幫人討債的人，去向他要！

爺：胡鬧！那些人全是黑道上的混混，怎麼可以去跟他們打交道？再說，景華，……人家還不出錢，總是有不得已的困難……不要逼人太甚……有道時一錢逼死英雄漢，……你知道嗎，……做人一定要多積德，多做善事，……這樣，才有善報！

父：是的，爸，我知道。

（音樂）

父：添旺，……你吃飽了嗎？

旺：吃飽了。（說話語氣乃有進步唯與常人仍有些不一樣。）

父：醫生要你吃的藥，……你都吃了嗎？

旺：藥？……紅的，黃的藥？……

父：對呀！……醫生要你飯後吃的？吃了你的病會好的？

旺：我吃了！……很……好吃。……

父：我想給你看一張照片！……喏，……這是在你家裡找到的，……這上面，是不是你？

旺：（高興的樣子）是，……是我。

父：這……是你的太太？……

旺：嘻……嘻……是，……我太太。……

父：這兩個是你的小孩？

旺：是，……我的兒子，……女兒，……他們叫我爸爸。……我……!?
父：你怎麼？……想不想……他們？
旺：想，……我想他們！
父：他們現在在那兒？……在廟裡？
旺：我……（遲疑地）不知道。
父：你姓趙，叫趙添旺？……對不對？
旺：是。
父：你的公司……是不是因爲倒閉了，你才躲在地下室？
旺：沒有，……我沒有倒閉。……
父：你父親是不是他？（指照片）……他是你父親對不對？
旺：對，……他是我爸爸。……
父：你爸爸現在在廟裡？那一個廟？你知道嗎？
旺：他……不是，……
父：你的父親，叫趙……仲欽？……
旺：不，……他不是……
父：奇怪？……他不叫趙仲欽，那他叫什麼名字？……

旺：（緊張，口吃）我……不……清楚，……我不知道，……

父：你不是趙仲欽的兒子？……

旺：（哭了起來）我……我……

爺：怎麼啦？添旺，……怎麼突然哭起來了呢？……

父：爸，……我只是問他是不是趙仲欽的兒子！……想不到，他竟哭起來了！……

爺：唉呀，……醫生說，他的病，沒有完全好……你別再刺激他了！

父：我看，……爸，他不像是趙仲欽的兒子，……你讓他走了算了，……我們，總不能養他一輩子！……

爺：我相信他是仲欽的兒子，……我願意養他一輩子！添旺，別怕，……別難過，……我要德明留了我家的地址，……你家裡的人，遲早會來看你的！……

旺：我……不……哭！……

（拐杖走路聲）

明：（高興的叫著）爺爺，……快來，添旺叔的爸爸來了！添旺叔，……你爸爸來看你了，快出來呀！……

爺：德明，……誰來了？……（停止，興奮的，腳步上前）啊，仲欽，……你的眼睛，怎麼啦？……看不見了！……我是阿祥，……你最好的朋友，阿祥，……你還聽得出我的聲音嗎？

仲：阿祥，……你眞的是阿祥？……我聽說我兒子添旺，在你家，添旺，……他人在那裡？……

旺：（高興的大叫）阿爸！……添旺在這兒！

（父子相擁痛哭失聲）

爺：仲欽，……你的眼睛是怎麼回事？

仲：得了白內障！白膜已經很厚了，快看不見了……所以，我走路都要用枴杖，快卅年不見了，你還好嗎？……

爺：好！……仲欽，能再見到你，……我眞高興，我常和孩子們說你和我年輕時候的故事，……那天，我看到那張照片就認出來是你，……添旺跟你長得眞是太像了，……

仲：你該記得添旺的，……我們分開的時候，他只有五、六歲，……他小時候，我們因爲他頭大，都叫他大頭，你忘了？……

爺：我想起來了，……大頭，……添旺就是大頭！……小時候，他很聰明，……怎麼現在會得這樣的病呢？……

仲：他一直很聰明，就是因爲太聰明了，聰明反被聰明誤，……借高利貸來做投機的生

意，結果，生意失敗，就欠了不少的債，……那些債主找上門來討債，家裏的東西，

劈哩拍拉打得稀爛，他太太和小孩躲在房裡不敢出來！……

旺：爸，……你不要說了。

爺：這些要債的流氓，眞是太狠了！……

仲：添旺，……是給他們逼瘋的，……爲了躲債，……我們一家人，……就只這麼拆散了！……

爺：仲欽，……究竟，添旺，欠了多少債？……

仲：總共兩佰多萬，……還了一些，有些好人，……也不追究了，……還剩一百五十萬左右……

爺：仲欽，……記得你跟我說過，做善事，有善報，……添旺這筆債，由我來還了！……過去你幫了我不少的忙，現在是我報答你的時候了。

仲：什麼？阿祥，……你來還這筆債？……

爺：怎麼？……你不接受？……我告訴你，這是我做牙醫這些年積存下來的退休金，……景華現在做生意，也用不著，拿來給添旺還債，……眞是再好也不過，……當年，要不是你鼓勵我，忍耐受氣，……我也不可能成爲一個牙醫了！……

仲：阿祥，……多少年了！就好像是一幌眼的功夫！

爺：可不是嘛！

仲：添旺，……還不快謝謝胡伯伯。

旺：謝謝胡伯伯！……我給你磕頭！

（磕頭聲）

爺：添旺，快起來，……我只是還報你爸爸當年的恩情，這是應該的！……

蜜：爺爺，……他是誰呀？

爺：他是添旺叔叔的爸爸，……來，……快叫趙爺爺！……

蜜：（低聲說）爺爺，他就是把奶奶讓給你的好朋友？

爺：對了，快叫啊！……仲欽，這是景美的女兒，她叫小蜜，我的小孫女。

蜜：趙爺爺，你好！

仲：好，……阿祥，……你眞好福氣，孫女都這麼大了！……

爺：還不是託你的福！（大笑）哈……哈……

（喜氣洋洋的音樂）

——全劇終——

網（廣播劇）

姜龍昭

中廣公司七十五年一月十九日播出，尹傳興導播

人：艾　麗—貿易公司職員，廿五、六歲，女　（艾）
陳組長—警察局刑事組長，卅餘歲，男　（陳）
老　劉—公寓的看門人，卅餘歲，男　（劉）
阿　珠—公寓的清潔工，廿一、二歲，女　（珠）
法　官—五十餘歲，男　（法）

△音樂，詭異，緊張的氣氛。

△劇名，魚破網游去的聲音。

△報演職名姓名。

陳：……我是本局的刑事組長，我姓陳，請問小姐貴姓？找我有什麼事？

艾：陳組長，我姓艾，我的名字叫艾麗，我是在一家私人公司當職員，我找你，是有一

些事，想向你請教。

陳：（腳步聲去把門關上）艾麗小姐，現在這辦公室裡，除了你我，沒有旁人，你有什麼事，儘管說，只要我能力所及，我一定幫忙。

艾：謝謝你，陳組長，……事情是這樣的：有一個殺人的兇犯，他的名字叫方建安，方是四方的方，建是建設的建，安是平安的安，不知道，你聽沒聽說過這個人？

陳：（思索一陣）方建安？……我……一時想不起來了。

艾：那是三年前的事了，……那一年，他殺死了一個名叫周春子的女孩子，結果，被法院判決無期徒刑！你真的一點也沒印象嗎？

陳：艾麗小姐，你跟那個姓方的認識？

艾：是的，因為，……那時候，我和周春子同住在一起，經常和他見面。

陳：哦，……等一下我可以打電話從總局的檔案中，把他的資料調出來看看。（略停）妳現在來告訴我這件事，有什麼特別的意義嗎？

艾：陳組長，你知不知道，最近，那個叫方建安的人，從監獄裡逃出來了？

陳：哦，是嗎？

艾：他逃獄以後，竟然找我來報仇，……要殺害我，……我真是害怕極了！……（嚇得哭了起來）……

陳：艾麗小姐，……（倒水聲）……你不用緊張，先喝杯水，慢慢的說，既然，你已經到警察局來找了我，我們會負責保護你的安全的！……

艾：（喝水聲）謝謝陳組長。

陳：那個叫方建安的殺人兇犯，爲什麼要找你報仇呢？……又不是你害他坐牢的？

艾：陳組長，是這樣的，因爲，當時，他被抓出庭的時候，我是唯一在場的見證人，因爲我和周春子住在一起，我親眼看見他把周春子殺死的，法官因著我的作證，判了他無期徒刑，他對我一直懷恨在心，這幾年來，我一直搬來搬去，希望他不再知道我住在那裡。提防他不要從牢裡逃了出來。誰知道，他竟然還是逃了出來！……陳組長，你說，我能不害怕嗎？

陳：艾小姐，你說他從監獄裡逃出來了，是不是你在什麼地方看見到他了？

艾：是的。就在我最近新住進去的那棟公寓裡？

陳：哦，他就在你住的那棟公寓裡？

艾：嗯！他現在是那棟公寓的夜班看門人，陳組長，我現在是單身一個人，住在這公寓五樓的小閣樓裡，……前天晚上，當我在公司加完夜班，吃了點宵夜，回到公寓的時候，快十二點了，天下著雨，還有閃電……我按了門鈴，出來開門的，就是他——

——

△音樂劃過。

△下雨聲，閃電打雷聲。

△門鈴聲，腳步聲、開門聲。

劉：你是艾小姐吧，請進！

艾：你是？……（嚇得大叫）啊……

劉：艾小姐，你怎麼啦？……

艾：你……你是方建安？……

劉：不，我是這兒新來的夜班看門人，我姓劉，大家都叫我老劉！

艾：你姓劉？……

劉：是啊！艾小姐，是住在五樓吧？

艾：（仍有恐怖的）你……你怎麼知道，我是住在五樓的艾小姐？

劉：是辭職走了的老王告訴我的，他說，這棟公寓，經常最晚回來的就是住在五樓的艾小姐！

艾：噢！……你不認識我，是吧！

劉：我才來上班，怎麼會認識你吶！……艾小姐，你手裡拿著傘，又提了這一大包東西，我來幫你拿上去吧，這公寓又沒電梯，爬五樓是挺累的！

艾：不用了，我自己拿好了。

劉：不必客氣了，……我們上樓吧！

△二人上樓腳步聲。

劉：艾小姐在貿易公司上班？

艾：是的。

劉：每天都要工作到夜裏十一點才下班？

艾：也不是每天，經常就是了。

劉：那也夠辛苦的！

艾：（低聲心語）看他的長相，跟方建安一模一樣，可是說話的聲音，卻不盡相同，倒底是不是方建安故意裝的呢？……他好像老多了，不像從前的他了，……看樣子，他似乎不認識我了！……但是又爲什麼一直用眼睛盯著我看呢?!

△（腳步聲繼續著）

艾：哦，到了，老劉，謝謝你，把這包東西放在地上就可以了，你下樓去吧，我不需要什麼了！

劉：（氣喘吁吁的說）唉，人老了，走五層樓好累！……要是三年前！……

艾：（急接口）三年前，怎樣？

劉：噢，那時候我身體好得很，一點也不會感到累！……艾小姐，你忘了帶鑰匙嗎？怎麼不開門呢？

艾：（在皮包中翻東西聲）奇怪，鑰匙我明明記得放在皮包裡的，怎麼不見了呢？

劉：（摸出一大串鑰匙聲）艾小姐，我有你門的鑰匙，要我給你開門進去嗎？說不定你忘在屋子裡了！

艾：你怎麼會有我門上的鑰匙呢？

劉：這公寓每間房子的鑰匙，我都有，由我來替你開門，是很方便的！

艾：（急阻止）不，不用，我自己找到鑰匙了，喏，就是這把鑰匙，（慌亂的鑰匙打不開門聲）奇怪，怎麼門會打不開呢？？

劉：艾小姐，我來替你開！

△（開門聲）

劉：你看！這不開了嗎！……剛才，你是太緊張了！……

艾：謝謝你，老劉，……明天見！

△（門碰的一聲關上了）

△（腳步下樓聲）

艾：（低聲自語）他姓劉，他眞的不是方建安？不，他長得太像方建安了，奇怪，他不是被關在牢裡嗎？……怎麼會出來了呢？又怎麼會知道我住在這兒，……他那一對眼睛，冷冷的看著我，……他一定不會輕易放過我的！……他還有我門上的鑰匙，半夜裡，等我睡著了，他很容易進來殺了我，……這怎麼辦？……我得想法子，把門用沙發堵起來！（搬動沙發堵門聲）……

△風雨聲，閃電打雷聲。

艾：不，……他今天不來，……也許明天會來殺我，……我還是去警察局先報案，比較好……

△音樂劃過。

陳：艾小姐，你所說的，我都已經記錄下來了，……你說方建安已經越獄逃出來的事，我們馬上會查，你先安心的回家去，我會派人負責保護你的安全！

艾：陳姐長，謝謝你。

陳：有什麼消息，我隨時用電話和你聯絡。

艾：好的，那，我告辭了！（開門聲）

陳：好，我不送了。

△音樂。

△早晨鳥鳴叫聲。

△敲門聲。

艾：（在睡夢中被驚醒）外面是誰？……

珠：艾小姐，是我，是來收拾房間的阿珠。

艾：是……阿珠，……等一下，我來開門。

△搬動沙發聲，又是一隻沙發搬開聲，才開門聲。

珠：艾小姐，怎麼？……你怕有人進來，還把沙發擋住房門呀！

艾：我一個人住在五樓，有點害怕！

珠：你又沒做什麼虧心事，有什麼好怕的呢？

△開始掃地聲。

艾：（推說理由）我……是怕鬼！

珠：艾小姐，……你放心，這房子以前住過的人都是平平安安的，不會有鬼的！……再說，鬼是被人害死後才會有的，沒有害死過人，鬼也不會來找你麻煩的！……。

艾：（緊張的）阿珠，你別說了好不好？我最怕聽這些鬼話了！

珠：好，我不說鬼就是了。

艾：阿珠，新來的那個夜班看門人，你認得嗎？

珠：就是接替老王的那個人對不對？

艾：是呀！

珠：他姓劉，他要我們都叫他老劉。

艾：這我知道，我是問，你清楚他是那裡人？

珠：這我……可沒問過他。

艾：除了叫老劉以外，他還有沒有別的名字？

珠：這，我可不太清楚。……他好像不願多說話，但是，看起來，不像是壞人，艾小姐，你打聽他，有什麼事嗎？

艾：我是懷疑他，會不會是另外的一個人。他跟那個人眞是長得像極了。

珠：有時候，是有人會長得很像的，我有一個表姊，長得跟電視上的鳳飛飛一模一樣，可是她就不會唱歌！……

艾：嗯，這也有可能！……

珠：艾小姐，房間收拾好了，……你有衣服要洗嗎？可以拿出來，給我去洗。

艾：沒有。

珠：那，我走了！……明天見！（關門聲）

艾：（低聲自語）阿珠說的也對，也許，他並不是方建安，只是像而已，……不過，他也可能是方建安假扮的，爲了安全起見，我看，我還是，找房子搬家，離開這兒，越快越好！……（翻動報紙聲）……

△音樂。

△腳步上樓聲，停步，輕輕的敲門聲。

劉：艾小姐……

△無回聲。

劉：是不是出去了，不在屋裡？……（鑰匙開門聲）……

艾：（低聲）啊，……我忘了把沙發堵門，若是他進來，怎麼辦？……我得拿一樣東西，作自衛的武器……

△門打開聲。

艾：（吃驚的大叫）老劉，你來做什麼？……

劉：對不起，艾小姐，……剛才我敲門，沒有聽見你回音，我以爲你出去了，不在房裡！

……

艾：（緊張）別走近我，你進來做什麼？

劉：這是你昨天交洗的衣服，阿珠叫我給你送上來的。

艾：（鬆一口氣）哦！阿珠自己怎麼不送上來呢！

劉：阿珠來的時候，忘了。

艾：哦，原來是這樣的！
劉：艾小姐，你手裡拿著花瓶，是準備插花嗎？……
艾：（找理由）不，……我是打算去洗一洗！……
劉：艾小姐，……你住的這個房子眞是幽靜，在五樓屋頂上，就是大聲喊叫，也不會有人聽得見。
艾：奇怪，老劉，你說這話是什麼意思？……
劉：我是隨便說說的，……對了，你這房間，只有一個門進出，除了門，就只有一個窗戶，沒有別的路可走，要是從這窗口跳下去，樓這麼高，可就別想活命了！
艾：（害怕起來）是嗎？不能活命嗎？
劉：艾小姐，……你單身一個人，住在這頂樓上，眞的一點也不害怕？
艾：我……不怕！（故意壯膽）
劉：艾小姐，……我看你嘴裡說不怕，心裡可眞有點怕！對不對？
艾：（正色的質問）你……究竟是誰？
劉：艾小姐，……你……以爲我是誰？我是這兒的看門人，我是老劉呀！
艾：（大聲的說）方建安，……你如果再走近一步，我手裡的花瓶，可要對你不客氣了！
劉：艾小姐，你怎麼啦？你叫我「方建安」？……

艾：你不是方建安？……嘿，你以為你變了口音，改了裝，我就認不出你了，……我告訴你，……你就是燒成灰，我也認得出你！

劉：艾小姐，你弄錯了，我是老劉，我怎麼會是什麼方建安吶！

艾：我不管你承不承認，……你……馬上給我出去，你再不出去，我就殺了你，……

劉：艾小姐，殺人，是要償命的！……

艾：怎麼？……你還不走？……

劉：（微笑）我……想，……看你怎麼殺我！……

△空氣緊張，艾氣喘吁吁。

△突從樓下遠處傳來阿珠的叫聲。

珠：五樓的艾小姐，……請你下樓來，接電話，……是警察局陳組長打來的，……

劉：阿珠在叫你聽電話！

艾：（嚴重的）老劉，我鄭重的警告你，以後，你再到我房間來，我就要報警了！……

△腳步聲下樓。

△音樂換場。

艾：陳組長，……你說什麼？方建安並沒有從監獄裡逃出來？……是眞的嗎？

陳：是眞的，……為你，我特地去監獄裡調查過1。

艾：這麼說，方建安現在還在牢裡關著？……這是不可能的，我剛才還和他面對面說過話，……我看會不會是有人冒充他在坐牢，眞正的方建安，早已逃出來了。

陳：艾小姐，你不相信我說的話？……你要不要親自跟我去監獄一趟。

艾：不，不，我決不願意再去看他，和他說話。

陳：艾小姐，你不用緊張，……方建安現在確實不在監獄裡關著！

艾：我沒說錯吧，方建安他確實是從監獄裡逃出來了，對不對？

陳：不，艾小姐，……你弄錯了，方建安並沒有從監獄裡逃出來，……只是……他已經過世了！

△配緊張的音效。

艾：陳組長，你說什麼？

陳：方建安已經死了！

艾：他死了？……（釘問一句）眞的死了？

陳：他是在監獄裡得病死的！

艾：得病死的？

陳：當時，獄醫曾經盡心醫治他的病，但仍是難以挽救，三個月以前，他死在監獄醫院，現在埋葬在公墓裡！

艾：（認眞的問）陳組長，你不是騙我吧？

陳：爲了怕你不相信我說的話，我特地把方建安的案卷，資料，和遺物都拿來了，你看！（牛皮紙袋打開聲）喏，這是他的照片，艾小姐，你說的方建安，是不是就是這個人？

艾：不錯，就是他。

陳：（紙張翻動聲）這是方建安的病情報告，最後註明是「死亡」，這是醫生開的死亡證明書，艾小姐，你還是表示懷疑嗎？

艾：他是什麼病死的？

陳：這上面說是肺癌，從發現到死亡，前後不過三個多月，病死以前，他變成十分虔誠的教徒，不斷的做祈禱，希望神明能恕免他的罪！

艾：他表示懺悔？

陳：是的！（紙張翻動聲）他還寫了兩封遺書，一封給獄裡的一個同伴，一封給監獄裡的牧師，這是他遺書的複印副本，艾小姐，你認得他的筆跡嗎？

艾：（翻動紙張聲）不錯，這是他的筆跡！

陳：（自紙袋倒出手錶、煙匣、打火機、鑰匙練等聲音）這隻手錶、煙匣、打火機、鑰匙練，都是他的遺物，按規定，應交給他的家屬，可是方建安好像沒有什麼家屬親戚，所以，這些東西，還留在監獄保管，等候他的家屬來具領！……艾小姐，你能認出這些東西是他的嗎？

艾：我並不全部認得這些東西，……不過，……這隻金錶，我記得很清楚，確實是他的，沒錯！

陳：艾小姐，……看了這些東西，你可以相信，方建安眞的死了，不會再有疑問了吧！

艾：陳組長，我有一個請求。

陳：什麼請求？

艾：你能不能帶我去看一看方建安的墓地？

陳：你還是表示懷疑？……好，改天，我帶你去看他的墓地！

△汽車疾駛聲。

△音樂劃過。

陳：艾小姐，你看見了吧，這墓碑上明明刻著：「方建安之墓」，現在，你應該沒有半點懷疑了吧！方建安眞的死了，他決不可能再來找你的麻煩了。那看門的老劉，只是長得像方建安而已，你不用再瞎疑心了，他對你也沒有什麼侵犯的行動，我想你祇是自己成了犯罪感的犧牲者了。

艾：犯罪感？陳組長，我並沒有犯過什麼罪啊！

陳：我的意思是說，方建安這個人，盤踞在你的心裡，已經整整三年了，因爲你作證他有罪，他恐嚇你，慢慢的，你神經變得很敏感，你會在每一個地方，都看見他，這完全是你心理上的病態！

艾：我大概是神經衰弱！

陳：好了，……你現在心理上的恐懼感，應該已經掃除乾淨，不用再害怕了，我們走吧！

艾：陳組長，謝謝你，還勞你駕陪我到墓地來！

陳：不用客氣，這算不了什麼！

△音樂，輕鬆愉快的音樂。

△門鈴響聲。

劉：（開門聲）艾小姐，你下班回來啦！

艾：（高興的，不再膽怯見劉）老劉，謝謝你來開門。

劉：艾小姐，瞧你又是大包小包的，今天又買了不少東西嘛！

艾：今天公司發薪水，百貨公司又大減價，所以，我多買了些日用品，老劉，你幫我拿上樓去，好嗎？

劉：好，……我來幫你拿上去！

艾：（腳步上樓聲，嘴裡哼唱著流行歌曲，表示她愉快的心情）……

△音樂劃過。

艾：到了！（拿鑰匙開門聲，開燈聲）

劉：艾小姐，……你買了電熨斗？（東西放桌上聲）

艾：嗯，自己燙衣服，也方便些，……老劉，眞謝謝你，……這一百塊錢，你拿去買酒喝。

劉：艾小姐，不用客氣，我是從來不收人家小費的！

艾：你幫忙我拿這麼多東西上樓，也挺累的，你收下就是了，怎麼？你怕人說你閒話！

劉：不，艾小姐，……我眞的不要！

艾：好吧，我也不能勉強你，……（打開煙匣聲）錢不收，抽支煙總可以吧！

（打火機聲）

劉：謝謝。

△艾撕去包裝紙聲，一再嘴裡仍哼唱著歌曲。

△時鐘敲打了十二點鐘聲。

艾：啊，已經十二點了。

劉：艾小姐，……我看你今夜，好像特別高興，從進門到現在，一直在唱歌！

艾：嗯！……

劉：前幾天，我看你，又驚又怕，說話緊張兮兮的，我還以爲，什麼地方得罪了你！

艾：（突又警覺的）老劉，……你一直在暗中注意我的行動？

劉：艾小姐，不瞞你說，咱們吃的是看門的飯，凡是公寓進出的人，都得注意呀，不是嗎？

艾：哦！……

（突然一陣狂風吹來，把門給吹的「砰」的一聲關上了。）

艾：呀，……嚇我一大跳，那來這麼一陣大風，……竟然把門給吹得關上了！……

劉：嗯，天變了，……

艾：老劉，這兒沒事了，你可以下樓去了！

劉：是，艾小姐！

△劉去開門，開了很久門打不開聲。

劉：奇怪，這門怎麼開也開不開！

艾：怎麼會打不開？我來。

△門把轉來轉去聲，仍是打不開！

艾：眞是怪，怎麼，眞的會打不開了呢！

劉：大概是因爲這公寓太陳舊了，鎖的彈簧壞了，所以打不開！

艾：那怎麼辦？

劉：這情形，二樓也曾經發生過，關上了，怎麼弄也弄不開，後來是請了鎖匠來，才打開的。我曾經對房東太太說，最好整棟公寓的門鎖，都檢查整修一下，壞的都換新鎖，她怕花錢，就是不聽！

艾：這可眞是怪事，……那怎麼辦？深更半夜的，就我們兩個人在這屋子裡！

劉：艾小姐，沒有什麼好辦法，只有等一等！

艾：（訝異）等一等，等誰？

劉：等有人上樓來的時候，請他幫忙把門打開，或是去通知鎖匠來開門！

艾：那要等多久呀！再說，現在是半夜十二點多了，這麼晚了，還有誰會上樓來呢！

劉：這倒是眞的，不會有人上樓來的！

艾：不，……我不能這樣空等！（用力去敲門聲，大叫）開門呀，開門，……請幫忙開開門呀！

劉：（冷靜的）艾小姐，沒用的，你這樣做，完全是白費力氣。

艾：什麼？白費力氣！……我不相信！（繼續用力大叫）快開門吶，……救命呀，開門呀！……

劉：艾小姐，你還是安靜一下，你再大聲叫，也沒有人會聽見的！

艾：爲什麼？（恐怖萬分）你說呀！
劉：這五層樓上，就只住你一家，沒有別人住呀！
艾：那四樓總會有人聽見呀！
劉：四樓的王先生和王太太，還有他們的孩子，都到高雄去了，今晚不回家，沒有人。
艾：那三樓呢？
劉：三樓，那個周老先生，耳朵有毛病，平時當面說話，他都聽不到，現在，他早就睡了，怎麼會聽得到呢？
艾：那還有二樓！
劉：二樓，那個姓趙的，還沒有回家，底層就是房東老太太和我住，我想，今晚，隨你喊破喉嚨，也不會有人聽見來五樓爲你開門的！……要是五樓有電話就好了，偏偏你房裡又沒裝電話！……
艾：（不安的戰慄地）照你這麼說，你可以肯定，今晚，我再大聲喊叫，也不會有人聽見了？
劉：艾小姐，我說的是實話，你不信，你叫就是了。
艾：（氣急無奈）嗨，……怎麼會碰上這樣的怪事！
△時鐘滴答聲。

△靜默。

劉：艾小姐，再來根煙吧！

艾：抽煙？

劉：（用洋火擦著點煙）抽煙可以鎮定神經，……我看你，好像太緊張了。

艾：也好，……讓我也來根煙，鎮定一下。

△打火機抽煙聲。

△靜靜的，風吹窗帘發出聲音。

劉：艾小姐，……跟我在一起，你好像有些害怕！

艾：（強自壯膽）不，……我沒有什麼好害怕的，我想，遲早會有人上樓來救我出去的！

劉：當然，一定會有人上樓來的，……只是，……恐怕，一直要等到天亮喔！

艾：老劉，……（急躁）我們把門來撞破了吧，……老這樣耗下去，……我精神受不了

……

劉：艾小姐，……（腳步聲走動）你是不是因爲我在屋子裡，而感到害怕？

艾：不，……老劉，你別走近我。

劉：（冷冷的）記得，你第一次見到我，……就很害怕的樣子，前兩天，我給你送衣服上來，你還大聲叫我出去，要是不出去，你就要殺了我！……難道，……你忘了

嗎？

艾：喔，……那是因爲我，我誤會你……就是他！

劉：你誤會我是誰？

艾：一個我過去的朋友，我老害怕會遇見他！

劉：現在，……你不怕遇見他了？

艾：他已經死了，今天白天，我還去他墓地看過，他眞的已經死了！

劉：是嗎？……那個人，叫「方建安」，是不是？

△配強烈音效。

艾：（抖音）你……知道方建安，……難道，他……並沒有死！……

劉：你剛才說，你不是已去他墓地看過了嗎？

艾：（緊張萬分）……你……你究竟是誰？……你是方建安？……對不對？……

劉：（冷冷的發出笑聲）……

艾：你怎麼不說話？……（突電燈熄滅聲）咦，電燈怎麼突然滅了！（開關開來開去）

……

劉：也許是電線壞了！

艾：奇怪，門，門打不開，燈，燈突然滅了，……這究竟是怎麼回事？……

劉：電線用久了，自然會壞的，就像這門鎖一樣！

艾：老劉，……是不是你故意在搞鬼，把電燈滅了？

劉：怎麼會是我搞鬼，你不是明明看它自己滅的嗎！……

艾：我想起來了，……抽屜裡有蠟燭！……

△開抽屜聲，翻找聲。

艾：找到了，蠟燭有了！……

劉：（擦火柴聲）點上了蠟燭，屋裡不再漆黑一片，你可以不用害怕了！

艾：老劉，你給我去檢查一下電線，快把電燈弄亮，……否則，這蠟燭光，被風吹得一亮一暗，更叫人受不了……

劉：一定是樓下總開關的保險絲斷了，……可是，這門開不開，我怎麼下樓去呢！

△艾用力去開門，門把開來開去，仍是開不開。

艾：（洩氣）唉，……眞是！怎麼搞的！

劉：艾小姐，……你是不是害怕和我單獨在一起？

艾：（極力否認）不，不是的！

劉：你不用逞強否認了，……我從你的眼睛裡，看得很清楚！……你害怕我就是「方建安」，是不是？

艾：不，方建安已經死了，我看見他的死亡證明書，他親筆寫的遺書，還有他的遺物，……他絕對死了！

劉：那你爲什麼還要害怕呢？

艾：我……（否認）並沒有害怕啊！

劉：你說話的聲調，臉上的表情，……拼命去打門，叫救命，……你能否認，你不在害怕？

艾：我是害怕，黑暗，燈滅了，而門又鎖上了。

劉：艾小姐，你對方建安究竟做了什麼事，使你這樣怕遇見他？

艾：（自語）我……對方建安做了什麼事？……（慌亂地）沒有，沒有，我沒有對他做過什麼事情呀！

劉：（壯嚴的，像法官一樣審問）你沒有？……眞的沒有？

艾：（精神崩潰了，她受不了內心的譴責哭了起來）……

劉：艾小姐，……我看，你還是直說了吧，做人要對得起良心，問心無愧，什麼事都不用害怕，做了愧心事，……可不好受喑！……

艾：（由哭而笑了起來）哈……哈……（狂亂已失常了）……我……怕，我……怕什麼？

劉：俗話說，「爲人不做虧心事，半夜不怕鬼敲門」！我看，你把心裡的話，說出來以後，心裡減輕了負擔，就不會再害怕，再心神不安了！……

艾：是嗎？……（矛盾掙扎）……眞的嗎？

劉：再說，……那個方建安已經死了，他也不可能再來危害你了。

艾：（歇斯底里地）他會危害我？……（尖銳地高叫）他是兇手，殺害周春子的的兇手！……

△回憶的音樂升起。

法：艾麗小姐，……你可以作證，方建安是殺害周春子的兇手嗎？

艾：是的，法官，我可以作證。……

法：你親眼看見他殺死了周春子？

艾：是的，我親眼看見的，……因爲我和周春子同住在一間房子裡，當時我在窗外，在窗縫裡，看見他殺了周春子，他並沒有看見我！

法：艾麗小姐，你說，方建安和周春子相愛，已經準備結婚了，那方建安怎麼突然會把她殺了呢？這不是有點矛盾嗎？

艾：法官，事情是這樣的，因爲方建安突然發現了周春子除了他，另外還有別的男朋友，在一時氣憤之下，先是爭吵，後來一怒之下，才用力把她殺了！

法：你願意作人證。

艾：我願意。

△音樂劃過。

劉：法官就因爲有你的人證，所以判了方建安無期徒刑，對不對？

艾：是的！

劉：既然這樣，你爲什麼害怕遇見方建安呢？……他是罪有應得，法官沒判他死刑，已經夠仁慈了。怎麼能怪你呢？

△內心矛盾的音樂升起，逼使艾說出眞心話來。

艾：（聲音由錯亂而寂靜下來）不，……方建安，……他是冤枉的，……他並沒有殺死周春子！

劉：你說……方建安是冤枉的？

艾：老劉，……不，你不是老劉，……你就是方建安，對不對？……你並沒有死，你從監獄裡逃了出來，特意來找我報仇的，……是不是？……

劉：（冷冷的）你看……我是方建安嗎？

艾：（駭極大叫）你……一定是方建安！……我沒見過這麼相像的人，……方建安，原諒我，……我並沒有要你坐牢的意思，……我……（嘆息）唉，……只是因爲我愛你，建安，……難道你一點也不明白我的心意嗎？

劉：你愛我？

艾：（咬牙切齒）我恨春子，我恨她也愛你，……建安，……你要我怎麼說呢？

劉：你說下去！

艾：建安，原諒我，我是女人，女人多是善妒的。春子和你相愛！……難道，這些往事，你都忘了嗎？……

劉：往事？

艾：你生日，我送你一隻金錶，你毫無所謂！春子送你一條領帶，你就如同獲得珍寶一樣；我故意穿了一套新裝，你視而不見，春子穿了件花衣裳，你就讚不絕口！……我們三個人在一起吃飯，你總是挾菜給春子吃！……我實在氣不過，是我先認識你，因爲我，你才認識春子，想不到你們竟然一見鍾情！……當我知道，你們已準備結婚的時候，我實在恨極了！……那天，我們在房裡吵了起來！……

劉：後來呢？

艾：後來，我實在恨極了，……就用水果刀殺了她！

劉：原來，是你殺了春子！

艾：是的，是我殺了春子，剛巧你來找春子，我把燈滅了，設法嫁禍於你，誣告你是殺周春子的兇手，……因爲一切的證據，都對你不利，再加上我的人證，……你就被關進監獄去了！……

劉：你說的都是眞話？

艾：是眞的，我恨春子，她不該搶奪我的愛人！……建安，如果你能對我關心一點，我不會下這樣的毒手，害你被判無期徒刑，……因爲，我對你完全是眞心的，……我愛你，建安，請你相信我！……

劉：是嗎？……（突發聲大笑）哈……哈……

艾：建安，你不肯原諒我，……你還是要報仇，殺了我，是不是？……

△腳步聲逼近。

艾：不，……建安……別走近我，……我還不想死，求你，不要逼我，不要殺我！……

△音樂恐怖、激動、緊張、腳步在黑暗中移動，碰到了椅子聲。

△窗子被拉開聲，又被推上聲。

劉：你開窗做什麼？準備跳窗？

艾：建安，你放手，別拉著我！

劉：我不要你死！

艾：你讓我跳樓自殺不好嗎？我不願死在你的手上，……（哀哭求饒）建安，我錯了，求你饒了我吧！

劉：你要我饒了你？

艾：建安，……我向你跪下！（跪下聲）求你，……你有什麼條件，我都可以答應你，只要你……放過我！

劉：（停頓一下）好，……你先起來！

△突然，艾黑暗中，摸到那電熨斗，用力向劉頭上擲去發出一聲巨響，但未被擊中。

劉：什麼？你用雷熨斗想砸死我！……你太狠了！……

艾：我不殺你，你就殺我，……我不想死，……我還要活下去！……（哭泣起來）

劉：你可以活下去！……

艾：你在騙我！……你假裝來做公寓的看門人，……目的就是來報仇的，……好，……你動手吧，……你還在等什麼呢？……這麼漆黑的夜晚，……你殺了我，誰也不會知道的！……

△好像樓梯上有腳步聲。

艾：啊，……好像有人上樓來了！……（大叫）救命呀，……

△又恢復寂靜。

劉：放心，不會有人上樓來的！……

△一陣貓叫聲。

劉：啊，……是貓的聲音！……

艾：（陷入絕望，低聲抽泣）建安，……也許，我是該死在你的手裡，你動手吧，……

我不怪你，……這是愛和恨的孽債！我欠你的，我該還給你的！

劉：（冷冷的）可憐的女人，……我……不要你死！……

△時鐘響了一下，是十二點半了。

艾：（突然發覺電燈亮了）咦，電燈又亮了！……難道，剛剛是停電？……

劉：（吹熄蠟燭聲）有了電燈，也就不用蠟燭了！……我去開開門看！……

△門被轉動聲，門也開了。

劉：奇怪，這門，也開了。

艾：這是怎麼回事，這門，剛才怎麼打也打不開！

劉：剛才，停電的時候，眞的好像是做了一場惡夢！

艾：（如釋重負）好可怕的一場惡夢！……老劉，……你……不是方建安？

劉：不是。

艾：（訝異）那……你究竟是誰？

劉：我是這公寓看門的老劉啊！

艾：哦！……這麼說，我剛才，眞是做了一場恐怖的惡夢！好可怕，……在沒有燈的地方，你看起來，眞像方建安，……我差一點殺了你！

劉：是嗎？

艾：我神經一緊張，就會變得瘋瘋顚顚似的，說話行動，都變得不正常起來！

劉：眞是這樣嗎？艾小姐。……

艾：眞是這樣！……。……老劉，你別忙走，我還有話要和你說。

劉：艾小姐，你還要說什麼？

艾：剛才，屋子裡停電的時候，我像瘋了似的，和你說的一些事情，完全是瘋言瘋語和你胡扯的，不是眞的，希望你能把它忘掉！

劉：你要我把剛才說的話忘掉？

艾：（勉強輕鬆）是的，……請你忘掉它，那些話，一點意思也沒有，只是我在神經緊張的時候，一時沒有辦法約束自己的理智和感情，信口胡說的！

劉：艾小姐，你指的是那些話？

艾：就是關於方建安和周春子的事情，……這完全不是眞的，根本沒有那回事！

劉：可是，你說的，不像是假的！

艾：（打開皮包聲，數鈔票聲）老劉，你別走，這些錢，……你拿去買酒喝！

劉：艾小姐，謝謝你，我自己有錢喝酒！

艾：怎麼？你是嫌少，不肯收？……好吧，我再多給你一點，成了吧！

劉：艾小姐，我曾經說過，我一向是不收小費的！

艾：這有什麼關係哩，老劉，你收下，別再客氣了！

劉：艾小姐，你把錢拿回去，我不會收的！

艾：老劉，爲什麼不肯收呢！

劉：我不收，是有理由的！

艾：什麼理由？……你是嫌我錢給少了，是不是？……老劉，你要明白，我並不是個有錢的女人！

劉：艾小姐，你誤會了，我不是這個意思！

艾：那……你是什麼意思，你說好了！

劉：我可以……接受別人的錢，卻不能收你的錢！

艾：爲什麼？

劉：因爲，……你就是誣害我弟弟的人，……我怎麼可以從你的手裡拿錢！

艾：（一怔）老劉，你說什麼？……誰是你的弟弟？

劉：（慢慢的，一字一句的）方建安，就是我的弟弟，我是方建安的哥哥，我叫方建平。

△強烈音效升起。

艾：（慌亂）什麼？你叫方建平，你是建安的哥哥！……難怪你長得和他一模一樣！

劉：前些年，我一直在國外做事，最近，我才回到台灣來，……前幾年，我聽到我弟弟犯了殺人罪，被關在監牢裡，被判了無期徒刑，我覺得很懷疑，後來，又聽說，他得了病，在監獄裡過世，……就下決心，要調查清楚究竟是怎麼回事，因爲，他判刑的時候，在監獄中，曾經給我寫過信，說他是冤枉的，……如今，總算老天有眼，讓我弄清楚，原來，是你，殺害了周春子，卻把我弟弟，當作代罪的羔羊！……

艾：老劉，……不，方大哥，這件案子，三年前就已經審判結束了，而你弟弟也已經死了，你果眞要舊事重提平反這件冤獄，又有什麼用呢？……你弟弟也不可能再活過來啊！

劉：至少可以給我弟弟洗清他殺人的罪名，讓他不再含冤於九泉之下，……再說，我也要伸張正義，將眞正的兇手，交給法律去制裁，別讓眞正犯法的人，消遙法外，做了「漏網之魚」！

艾：方大哥，你眞要送我去坐牢？

劉：怎麼？艾小姐，你認爲這不公平嗎？

艾：（有恃無恐）嘿！……我不會這麼笨，在法官面前，承認自己是兇手！

劉：你剛才停電時親口說的話，你想賴掉不認賬？

艾：我否認曾經說過什麼話！……你去告好了，那些話，只有我和你兩個人聽到，我絕不會在別人面前，再重複說一遍！

劉：難道，你眞想賴掉？

艾：放心，我不會被你嚇住的，你拿什麼證據來告我？……法律是講證據的！

劉：你要我拿出證據，才能告你？

艾：你有證據嗎？

△門被推開聲。

艾：咦，……陳組長，你怎麼來了？……

陳：艾小姐，你覺得我來得不是時候？

艾：不，陳組長，你來得正是時候，你看，我沒說錯吧，老劉，他又在威脅我！

△老劉從桌子下，取出錄音機聲，打開錄音機聲。

劉：艾小姐，你要我拿出證據，……幸好，我事先在桌子下面安排了錄音機，要不要我把你剛才說的話，放一遍給陳組長聽？

艾：你……原來早有準備？

△錄音帶，放出一段最初的錄音，即被陳組長關掉聲。

陳：好了，不用放了，這錄音機的性能很好，錄得很清楚，我帶回去慢慢的聽，也是一樣的！

艾：哦！陳組長，……原來，……他早已跟你聯絡上了。……

陳：對了，艾小姐，你眞聰明！

艾：剛才，門打不開，電燈突然滅了，……這些，也都是你們事先安排好的！

劉：對了，艾小姐，你沒想到吧！

△突然腳步奔跑，撞倒椅子，發出聲音。

陳：抓住她，別讓她跳樓！

劉：艾小姐，你逃不了的！……

△手銬銬上聲。

陳：現是半夜一點多了，艾小姐，請妳安靜一點，別把樓下的房客吵醒了！

艾：陳組長！（哭泣的說）你聽我說，我不是存心要殺人的，我也只是一時衝動！……

陳：艾小姐，這些話，你可以上法庭去說，我想法官自會公平審判的。不過，由於妳的故事至少說明了一點，壞事是不能做的。要知道：情網可以勘破，漁網或能逃漏，法網恢恢！漏網之魚，終有一天還是會掉進網中去的！（略停）走吧！

△腳步走下樓聲。

△音樂。

—全劇終—

附錄一 姜龍昭著作出版書目

作品名稱	類別	出版處所	字數	出版年月日
(1)烽火戀歌	獨幕劇	總政治部	約二萬	四十一年十二月
(2)奔向自由	獨幕劇	總政治部	約二萬	四十一年十二月
(3)自由中國進步實況	報導文學	中央文物供應社	約廿萬	四十九年十二月
(4)六六五四號啞吧	電視劇選集	平原出版社	約三萬	五十二年二月
(5)電視綺夢	電視劇選集	正中書局	約五萬	五十五年九月
(6)金玉滿堂	電視劇選集	菲律賓劇藝社	約十二萬	五十六年九月
(7)父與子	獨幕劇	僑聯出版社	約二萬	五十六年十二月
(8)碧海青天夜夜心	電視劇選集	商務印書館	約十二萬	五十七年一月
(9)一顆紅寶石	電視劇選集	菲律賓劇藝社	約十萬	五十八年二月
(10)金色陷阱	電視劇選集	東方出版社	約十二萬	五十八年六月

⑾故都風雲	廣播劇	軍中播音總隊	約二萬	五十九年四月
⑿孤星淚	多幕劇	僑聯出版社	約四萬	五十九年四月
⒀情旅	小說	新亞出版社	約六萬	五十九年五月
⒁春雷	小說	新亞出版社	約六萬	五十九年十月
⒂長白山上	圖書故事	新亞出版社	約六萬	六十年三月
⒃紅寶石	獨幕劇	中國戲劇藝中心	約二萬	六十年十二月
⒄長白山上（與人合編）	電視連續劇	正中書局	約五十萬	六十一年十月
⒅海戰英雄	廣播劇	總政治作戰部	約二萬	六十三年十月
⒆吐魯番風雲	多幕劇	商務印書館	約四萬	六十五年六月
⒇眼	多幕劇	商務印書館	約四萬	六十五年十二月
(21)海與貝殼	小說	正中書局	約十八萬	六十五年七月
(22)電視劇編寫與製作	論著	黎明文化事業公司	約十二萬	六十五年七月
(23)金蘋果	兒童歌舞劇	中國戲劇藝中心	約四萬	六十七年三月
(24)電視縱橫談	論著	聯經出版社	約十四萬	六十八年三月
(25)一個女工的故事	電影劇本	遠大出版公司	約八萬	六十八年六月
(26)姜龍昭選集	綜合	黎明文化事業公司	約十八萬	六十八年六月

(27)	電視戲劇論集	論著	文豪出版社	約廿萬	六十八年十二月
(28)	電視編劇理論與實務（與人合著）	論著	中視週刊社	約廿萬	七十年三月
(29)	中華民國電視事業的回顧與前瞻	論著	中國電視公司	約廿二萬	七十年十月
(30)	姜龍昭劇選（第一集）	劇本	遠大出版公司	約十八萬	七十一年四月
(31)	姜龍昭劇選（第二集）	劇本	文史哲出版社	約廿萬	七十七年十月
(32)	姜龍昭劇選（第三集）	廣播劇	文史哲出版社	約十六萬	八十七年三月
(33)	姜龍昭劇選（第四集）	廣播劇	文史哲出版社	約八萬	八十八年三月
(34)	戲劇編寫概要	論著	五南圖書出版公司	約卅萬	七十二年三月
(35)	一隻古瓶	多幕劇	漢欣文化公司	約三萬	七十三年三月
(36)	金色的陽光	多幕劇	文化建設委員會	約三萬	七十三年三月
(37)	幾番漣漪幾番情（與人合編）	多幕劇	文化建設委員會	約四萬	七十三年三月
(38)	英風遺烈	傳記文學	近代中國社	約十二萬	七十三年三月
(39)	武昌首義一少年	傳記文學	黎明文化事業公司	約十二萬	七十三年三月
(40)	母親的淚	多幕劇	教育部	約四萬	七十四年二月
(41)	最後的一面	小說	晨星出版社	約十二萬	七十五年三月
(42)	戲劇評劇集	論著	釆風出版社	約十二萬	七十五年五月

(43)淚水的沉思	多幕劇	教育部	約四萬	七十七年八月
(44)香妃考證研究（正集）	考證	文史哲出版社	約十四萬	七十七年十月
(45)香妃考證研究（續集）	考證	文史哲出版社	約十八萬	八十一年三月
(46)血洗天安門	廣播劇	中興出版	約二萬	七十九年三月
(47)淚水的沉思（中英文對照）	多幕劇	文史哲出版社	約四萬	八十年十一月
(48)飛機失事以後（中英文對照）	多幕劇	文史哲出版社	約四萬	八十一年七月
(49)泣血煙花（中英文對照）	多幕劇	文史哲出版社	約四萬	八十一年十二月
(50)李商隱之戀（中英文對照）	多幕劇	文史哲出版社	約四萬	八十四年十二月
(51)李商隱	多幕劇	教育部	約四萬	八十二年四月
(52)如何編劇本	論著	新中國出版社	約十二萬	八十三年四月
(53)細說流行語（第一集）	考證	號角出版社	約十萬	八十二年八月
(54)細說流行語（第二集）	考證	號角出版社	約五萬	八十三年五月
(55)細說流行語（第三集）	考證	健行出版社	約十二萬	八十五年一月
(56)細說流行語（第四集）	考證	健行出版社	約十二萬	八十七年一月
(57)細說流行語（第五集）	考證	健行出版社	約十二萬	八十八年十二月
(58)細說流行語（第六集）	考證	健行出版社	約十二萬	八十九年十二月

⑸⑼戲劇評論探討	論著	文史哲出版社	約十四萬八十七年五月
⑹⑽掀開歷史之謎	考證	文史哲出版社	約十二萬九十年十二月
⑹⑴楊貴妃考證研究	考證	文史哲出版社	約十五萬九十一年七月
⑹⑵楊貴妃之謎	多幕劇	文史哲出版社	約九萬 九十二年五月
⑹⑶回祿殘存	綜合	文史哲出版社	約十五萬九十二年九月
⑹⑷錢能通神（有聲書）	綜合	文史哲出版社	約八萬字九十四年二月

附錄二

姜龍昭歷年得獎記錄

(1) 四十一年編寫兒童劇「榕樹下的黃昏」獲臺灣省教育廳徵兒童劇首獎。

(2) 四十二年編寫獨幕劇「奔向自由」獲總政治部軍中文藝獎徵獨幕劇第三名。

(3) 四十三年編寫多幕劇「國軍進行曲」獲總政治部軍中文藝獎徵多幕劇佳作獎。

(4) 四十七年編寫廣播劇「葛籐之戀」獲教育部徵廣播劇佳作獎。

(5) 五十一年編寫廣播劇「六六五四號」獲新文藝月刊祝壽徵文獎首獎。

(6) 五十三年編寫電視劇「青年魂」獲青年反共救國團徵電視劇佳作獎。

(7) 五十四年編寫廣播劇「寒澗圖」獲教育部廣播劇佳作獎。

(8) 五十六年編寫「碧海青天夜夜心」電視劇獲中國文藝協會頒發「最佳電視編劇文藝獎章」。

(9) 五十六年編寫獨幕劇「父與子」獲伯康戲劇獎徵獨幕劇第四名。

(10) 五十七年編寫多幕劇「孤星淚」獲伯康戲劇獎徵多幕劇首獎。

(11) 五十九年四出版劇本多種，人物刻劃細膩，獲教育部頒發戲劇類「文藝獎章及獎狀」。

⑿六十年製作「春雷」電視連續劇，獲教育部文化局頒巨型「金鐘獎」乙座。
⒀六十年編寫連續劇「迷夢初醒」使「萬福臨門」節目獲教育部文化局頒「金鐘獎」乙座。
⒁六十一製作「長白山上」電視連續劇，獲教育部文他局頒巨型「金鐘獎」乙座。
⒂六十一年與人合作編寫電視連續劇「長白山上」，獲中山文化基金會頒「中山文藝獎」。
⒃六十三年製作電視連續劇「青天白日」獲中國電視公司頒發獎狀。
⒄六十四年編寫宗教話劇「眼」獲「李聖質戲劇獎」首獎。
⒅六十四年編寫電影劇本「勇者的路」獲國軍新文藝金像獎電影劇本徵文佳作獎。
⒆六十五年製作電視節目「法律知識」獲司法行政部頒獎狀。
⒇六十五年編寫多幕劇「吐魯番風雲」獲臺北市話劇學會頒第三屆最佳編劇藝光獎」。
(21)六十五年編寫電影劇本「一襲輕妙萬縷情獲電影事業發展基金會徵電影劇本佳作獎。
(22)六十五年編寫電影劇本「大海戰」獲國軍新文藝金像獎電影劇本徵文「銅像獎」。
(23)六十六年製作電視節目「法律知識」獲行政院新聞局頒巨型「金鐘獎」乙座。
(24)六十七年編寫兒童歌舞劇「金蘋果」獲教育部徵求兒童劇本首獎。
(25)六十八年編寫電影劇本「鐵甲雄獅」獲電影事業發展基金會徵求電影劇本優等獎。
(26)六十九年獲臺灣省文藝作家學會頒發第三屆「中興文藝獎章」電視編劇獎。
(27)七十年編寫舞臺劇「國魂」獲教育部徵求舞臺劇第二名，頒發獎狀及獎牌。

(28)七十年編寫電影故事「鳥棚中的奮鬥」及「吾愛吾師」雙獲電影業發展基金會入選獎。
(29)七十一年製作電視節目「大時代的故事」獲中央黨部頒發「華夏」二等獎章及獎狀。
(30)七十一年獲國軍新文藝輔導委員會頒發「光華獎」獎狀。
(31)七十二年編寫舞臺劇「金色的陽光」獲文建會委員會徵求舞臺劇本第二名及獎牌。
(32)七十二年參加教育部委託中華日報庭休閒活動徵文獲第三名。
(33)七十二年編寫電影故事「老陳與小柱子」獲電影事業發展基金會徵求電影故事入選獎。
(34)七十三年編寫舞臺劇「母親的淚」獲教育部徵舞臺劇第三名，頒發獎狀及獎金。
(35)七十四年編寫廣播劇「江爺爺」獲中華民國編劇學會頒發「魁星獎」。
(36)七十六年因實踐績效評定特優獲革命實踐研究院兼主任蔣經國頒發獎狀。
(37)七十七年編寫舞臺劇「淚水的沈思」獲教育部徵舞臺劇佳作獎，頒發獎牌及獎金。
(38)七十八年編寫廣播劇「地下英雄」獲新聞局舉辦國家建設徵文獎，頒發獎金。
(39)七十八年編寫廣播劇「血洗天安門」獲青溪新文藝學會頒「金環獎」獎座及獎金。
(40)七十八年編寫電影劇本「死囚的新生」獲法務部徵電影劇本獎，頒發獎金。
(41)七十九年編寫電影劇本「綠島小夜曲」再獲法務部徵電影劇本獎，頒發獎金。
(42)八十年製作電視教材「大地有愛」獲中國國民黨考核紀委會頒發獎狀。
(43)八十二年服務廣播、電視界屆滿卅年，獲新聞局頒發獎牌。

⑷八十二年編寫舞臺劇「李商隱」獲教育部徵舞臺劇本獎，頒發狀及獎金。
⑷八十二年編寫廣播劇「李商隱之戀」獲中華民國編劇學會，頒發「魁星獎」。
⑷八十五年配合推行拒菸運動，獲行政院衛生署頒發獎牌。
⑷八十六年推行軍中新文藝，獲國軍新文藝輔委會頒發「特別貢獻」獎座及獎金。
⑷八十六年編寫廣播劇「異鄉」，獲中國廣播公司「日新獎」。
⑷八十八年編寫舞臺劇「打開心門」獲行政院新聞局頒「劇本優勝獎」獎牌及獎金。
⑸八十八年編寫「眞情城市」電視劇大綱，獲超級電視台徵文「優勝獎」頒發獎金。